新典社研究叢書304

日本語基幹構文の研究

半藤英明　著

新典社刊行

序　文

半藤英明さんが、このたび新しい本をお出しになる。『日本語基幹構文の研究』というタイトルの本である。半藤さんの新しいご本を心待ちにしていた読者の一人として、本書の刊行をまず喜びたい。

半藤さんは、「ハ」について優れた業績を残された青木伶子さんの元で研究を始められた研究者である。これまでに、既に『係助詞と係結びの本質』『係結びと係助詞「こそ」構文の歴史と用法』『日本語助詞の文法』を刊行しておられる。このことからも分かるように、半藤さんは、助詞特に係助詞を中心に文法の研究を主に進めてこられた研究者である。もっとも、このことは、半藤さんの研究活動が文法研究に留まることを意味しはしない。彼には、徳富蘆花・夏目漱石などについての論究もある。

我々の言語活動は、当初〈呼びかけ〉や〈表出〉が中心であったかもしれない。しかし、人間および人間社会が進むにしたがって、言語活動の中心は〈述べ立て〉に移っていったものと思われる。数えてみたことはないが、我々の言語活動によって生み出される文には、〈命令文〉や〈意志の文〉より〈叙述の文〉が圧倒的に多数を占めるだろう。

我々の外部・内部では無限の森羅万象が生起・存在している。無限の森羅万象を言語でもって分節化し捉えている。森羅万象・世界の一切片が、文で表されている。文は一つの事象・事態を表している。事象は未分化な全一体として捉えられているわけではない。人間の言語が語と文という分化を有することによって、文によって描き取られる一つの事象も、広い意味でのモノ（群）とモノのアリヨウとの分析・統合の元に捉えられる。

波の打ち寄せや降雨のような事象でもない限り、通例、我々の目は、事象全体より事象を構成するモノに向かうのではないだろうか。ボールが転がるというような事象においても、まず目は、モノであるボールに向かい、回転しながら動くというそのモノのアリヨウを取り出し、モノの上に生じるアリヨウである事象を捉えるのではなかろうか。言い換えれば、我々の事象認識は、事象全体をまず捉え、そこからモノとそのモノのアリヨウとを切り出す、というよりは、まずモノを捉え、そのモノが担い帯びているアリヨウを捉え、それらを結びつけることで事象を認識する、というのが通例ではなかろうか。

そのような事象を描き出すという叙述の文にあっては、モノ（群）とそのモノのアリヨウとの結合が、文の（意味）構造の中核をなす。ただ、事象の描き出し方には、モノを抜いてはアリヨウの存しないことを前提としながらも、アリヨウ全体を描き出すことになるたけ重きを置くものと、事象がモノとそのモノの上に生じたアリヨウとの結びつきによって成る、ということを前面に出しながら描き出すものとがある。

ただ、既に触れたように、我々の事象の捉え方・描き出し方したがって叙述の文の中心は、事象をモノとそのモノの上に生じたアリヨウとの結びつきによって成ると捉えるタイプであり、事象としてのアリヨウ全体を描き出すというものではないだろう。後者は、「あっ、雨が降っている。」「ほら、男の子がボールを投げたよ。」のような、いわゆる現象文である。それに対して、前者のタイプの事象の捉え方は、「ハ」に代表される題目表示の形式を有する日本語のような言語では、モノ（群）の中からあるモノを取り出し、そのモノがどのようなアリサマの中にあるかを語る、という捉え方として現れる。どのようなアリサマの中にあるかを語られるモノは、題目として位置づけられる。題目は〈ついて語られる項〉である。〈ついて語られる〉ということは、知られる対象としてあることであり、伝えられる対象としてあることである。このタイプは、題目を有し広い意味での判断文として位置づけられるものである。

手持ちの本のある頁を開き、無題の現象文と有題の広義判断文を数えてみれば、有題の広義判断文の方が断然多いことが分かろう。半藤さんが基幹的な構文と呼ぶものであり、基幹的と位置づけうるものである。

本書には、「主語と主体」「「が」格の原理」「現象文の諸相」「表現構成素としての「題目」」「真の題目と題目の範囲」「「二分結合」の再考」「判断文の諸相」「判断文と疑問文の関わり」等々、興味深いトピックが並んでいる。本書は、係助詞・係助詞構文を中心に研究を精力的に進めてこられた半藤さんの研究の進展によって成るべくして成った一書であると言えよう。基幹的なタイプへの考察を中核に据えながらの、半藤さんの日本語の構文に対する謎解きの跡を、ワクワクしながら私も辿りたい。

仁田 義雄

目次

第二章　「が」格の原理

第三章　述語と連用成分

第四章　現象文の諸相

序章　日本語の基幹構文

一、文の原理

如何なる言語においても、文とは、情報伝達上の基本的、且つ、典型的な表現形式である。文の形式や文法、また、その種類・類型はさまざまだが、一単語による表現にも一語文という枠組みが与えられ、文が情報伝達上の表現形式であるとの理解は、全く常識的である。

単語が集積することで、それに応じた、まとまった情報を持つことになる文は、更に複数が集合して文章となり、文の情報が連続的、重層的になることで、主題（いわゆる題目の意味ではなく、文章の概要）や要旨など、文という単体では表し得ない情報を持つに至る。文や文章は、発話者と聞き手・読み手とが問答・対話により情報交換して意思疎通をはかるときの表現形式であるから、原理的に「場面」が存在し、問答・対話の産物として「文脈」が発生する。

文が持つ情報は、結果分析的には、発話者が如何なる内省を表明し伝達しようとしたかを捉えたものである。その意味で、文とは、本質的に、主観性の産物である。文の情報は、発話者が伝達目的を果たす上での実際的な内容であり、文の形式や種類・類型は、その外形である。文の実態は多様であり、発話者の意思（発話の意図）を反映するものとして、多数のモダリティ、および、その形式を持つ。それらは、伝達目的と直結している表現内容の実現に不可欠な表現構成素である。

文法は、無秩序ではあり得ず、制約的なものである。しかし、文法の規則によって構成される文の情報は、表現的、内容的に自由度が高く、大げさにはなるが、それこそ無限の可能性を持つものである。しかしながら、実際に文が概念的に構成するものは、大方は、非常識なものでない範囲において有限である。文の自由度が最終的に限定的であることは、文による概念の構成が無原則ではないことを示している。

文による概念の構成は、原理的には、いわゆる主語と述語の関係構成を基本とする。山田孝雄（一九三六）は「抑もかの實在と思惟するものとそれが有する屬性と思惟するものとを結合して、これを統一して思想に上すことはこれ實に人の精神の貴重なる作用にして思想の根本たる要素なり」（94頁）としている。これは、いわゆる「精神の統一作用」を受ける材料としての「実在」と「属性」の二者による結合を文の原理と見ていることである。文の原理については、文の体系、および、多様な文それぞれの関係性を踏まえる必要があり、当然に立場や視座の違いがあるが、文の基本的構造については、いわゆる喚体句や命令文のように、そこから文が派生していく環境に乏しいものを位置付けるべきではないだろう。日本語の構文の多くが体言・格助詞からなる格成分と述語との関係、つまり、格構造に支えられていることからも、文の本質とは「実在」たるモノ（および、モノ扱いしたもの）と「属性」としての動作（コト）、状態・性質（サマ）、実体（モノ）などとの関係性を示すものである、と了解される。そして、文の実態として「実在」を主語、「属性」を述語が担うことになる。(1) モノとコトの関係性である実在と動作の関係は動詞述語文、モノとサマの関係性である実在と状態・性質の関係は形容詞述語文（および、いわゆる形容動詞述語文）となり、モノとモノの関係性として実在の実体を述べるものが名詞述語文である。つまり、品詞別による述語文のタイプは、山田孝雄の述べる文の原理を、内容的に、より具体化したものである。いずれの文も「精神の統一作用」の結果であることは言うまでもない。

上記の理解において、日本語の文における主語と述語の関係構成には、異なるタイプがある。大野晋（一九九三）は、係助詞ハ・モ・コソが「題目を提示するのが本来の役目だった」として「日本語の構文法の最も基礎的な部分の一つ、題目・対象を提示するという役割を担うものであった」（338頁）としている。[2] 係助詞によって題目を提示する構文、いわゆる有題文がタイプの一つである。なれば、対照的な観点から、もう一つは題目を持たない文、無題文ということになる。文の性質上、喚体句と述体句の対立さながらに、有題文と無題文は懸隔している、と考えられる。

二、基幹的な構文としての判断文と、周辺的な構文としての現象文

半藤英明（二〇〇三）・（二〇〇六）に既述したが、係助詞「は」による「は」構文、および、「も」「こそ」といった係助詞の構文は、「は」構文を中心として、その関連性において用法上の有用性を持っている。「は」構文は、その前項と後項とを題目—解説の構造[3]で構文化するものとして、形式上の汎用性が高く、発話者の考え・意見・感想・主張などを端的に言語化するのに最適な表現形式である。「も」「こそ」は、使用上の前提として、並行的な「は」構文の情報を意識する必要があり、係助詞の群は必ず「判断文」を形成する構成素である。発話者の考え・意見・感想・主張などは、最終的には、述部のモダリティによって類型化される。モダリティの存在は、文の性質上、判断文（ごく

一般的に、発話者の考え・意見・感想・主張などを表す文とする。これを広義の判断文と捉える）が優位のものであることの反映である。

文の情報が発話者の内省を表明し伝達する表現形式であるということでは、情報的、内容的に、判断文の類型が文としての存在上の優位性を高くしていることになる。判断文には、さまざまな文の類型が存在し、判断文は、係助詞の使用がなくても、述語のモダリティ形式によって表し得る。しかしながら、係助詞による判断文は、その前項（ほぼ題目）と後項（題目に対する解説、つまりは述語）との関係構成において、発話者の主体的な認識を表明し、モダリティ形式の有無には左右されない。このことは、係助詞の構文が、判断文として、基幹的な構文の群をなしているということである、と考える。

一方、判断文として基幹的な構文ではないものを、周辺的な構文としよう。周辺的と言っても、文全体における役割分担を便宜的に述べるものであり、文としての絶対的な価値を述べるものではない。すなわち、基幹的な構文と周辺的な構文とは対照的な便宜であり、文の体系においては、相互補完的である。その前提で言えば、基幹的な構文と最も対立的な位置にある周辺的な構文とは、係助詞のない文、すなわち、題目を持たない文、無題文である。そして、無題文の典型として考えられるのは「現象文」である。

以下、現象文について辿る。文の分類で広く認知されているのは、英文法の分類に倣った、平叙文、疑問文、命令文、感嘆文の四分類である。それは、文の形態と用法上の区別が連関する分類法であるが、日本語の場合には必ずしも連関しないこともあり、日本語モダリティ論の立場では、文のタイプを発話のあり方に基づいて階層的に分類する。

仁田義雄（一九九二）は「文をめぐっての発話時における話し手の発話・伝達的態度のあり方を表す発話・伝達のモダリティは、文の存在様式であ」り、その観点から文のタイプとして「働きかけ」「表出」「述べ立て」「問いかけ」

の四種と、それぞれに更なる下位類を設けている（21〜22頁、それらの種・類は必ずしも截然と区別されるものでもないが、そこは本書の論点としない）。その四種のなかで「は」構文と関わりが深いのは、「表出」「述べ立て」のタイプである。「表出」とは「話し手の意志や希望や願望といった自らの心的な情意を、取り立てて他者への伝達を意図することなく発するといった発話・伝達的態度を表したものである」（27頁）とされる。「述べ立て」とは「話し手の視覚や聴覚などを通して捉えられた世界を言語表現化して述べたり、ある事柄についての話し手の解説・判断や解説・判断への疑念を述べるといった発話・伝達的態度を表したものである」（34頁）とされる。これらは、文の構造的には、題目を立て、それについて解説する「は」構文を利用しやすい文のタイプである。

しかし、「述べ立て」のタイプは、下位類に基幹的な構文、周辺的な構文の対立がある。「述べ立て」の下位類には「現象描写文」「判定文（判断判定文）」「疑いの文」の三タイプがある（34頁）。「現象描写文」とは「話し手の視覚や聴覚等を通して捉えられたある時空の元に存在する現象を、現象の存在への確認は有しているものの、主観の加工を加えないで言語表現化して、述べたものである」（36頁）とされる。「判定文（判断判定文）」とは「ある事柄についての解説や判断が成り立つことについての話し手の判定を述べたものである」とされる（40〜41頁、以下「判定文」と呼び、これを狭義の判断文と捉える）。そして「疑いの文」とは「基本的に聞き手への問いかけを意図することなく話し手の判断成立への疑念を述べたもの」であり「判断を形成しようとしながら、判断成立に対しての判定を下すだけの根拠を有していないことによって、判断成立への判定を放棄した文である」（44頁）とされる。このなかで「通常題目を有している」ものが「判定文」「疑いの文」である（43頁、46頁）。それらは「は」構文を典型とすることになる。他方「現象描写文は、題目を持たない」（40頁）とされ、つまりは「は」構文は使えず、「が」「を」などの格による構文を典型とする。

「現象描写文」は「述べ立て」における現象描写の表現にのみ現れる文であり、「主観の加工を加えない」ということでは、客観的な文、極めて客観性の高い文ということになる（以下「現象描写文」に同義として「現象文」の用語を用いる）。極めて客観性の高い文というのは「表出」「働きかけ」「問いかけ」のタイプには見出しにくく、現象文は、情報伝達上、極めて特殊なものであると言い得る。世の客観的な現象・事象は、人々が知覚として共有できるものであり、言語化しなければ認識できない意思的概念性のものとは大きく異なるから、現実的な発話として（降る雨を見て）「雨が降る。」のように、現象文によって客観的な現象・事象を表明し伝達することは、その情報を相手に気づかせるような場合を除き、稀である。つまり、判断文（＝広義の判断文）というものは、前記の「判定文」（＝狭義の判断文）を含め、現象文のような客観性の高い文を除いた、ほとんどの文の類型を指すことになる（以下、本書の「判断文」とは全て広義の判断文を指す）。判断文と現象文との二項対立は、文の類型の多くが判断文と認識されるなか、現象文という極めて客観性の高い文を表明する類型の存在を示す意味において重要なものである。

三、日本語基幹構文の構想

判断文の構成素としては、副詞（「まさに」「決して」など）もある。しかし、係助詞を除けば、判断文を作る役割は、基本的、中心的には、助動詞にある。現象文であっても、助動詞を付すことで判断文に転換する。時枝誠記が助動詞を「判断」の構成素としていることは周知であり[4]、高山善行（二〇〇二）には「〈判断のモダリティ〉は、現代語、中古語ともに助動詞が担っている」（９頁）とある。

前述のように、係助詞の構文は「判定文」の典型であり、必ず判断文となる。しかも、係助詞は、構文上、助動詞のモダリティ形式が現れて判断文となる以前の段階、すなわち、述語よりも上位に現れ、その時点で既に判断文の成立を促す。その意味で、係助詞の構文で使用する文末の助動詞は、係助詞によって判断文であることが決定付けられた表現の文意を最終的に調整するものであり、モダリティの部分を確定することによって文の種類・類型を定めるものである。それは、述部の助動詞や終助詞によって判断文を決定付ける文のあり方とは、構文のタイプが異なる。

係助詞は、文への影響力が強いのである。係助詞の存在によって述語のモダリティに影響の出ることが指摘されている。(5) 文の構成素に対する関係構成を担う「助詞」のなかで、判断文であることを明確に決定付ける働きを持っているのは係助詞であり、他の助詞には、ほぼ、そのような決定力はない。格助詞は上位の体言と下位の用言との論理関係を表すものであり、基本的に、その他には及ばない。副助詞は数量的概念を表すもの、接続助詞は文の接続に関わるもの、連体助詞は体言と体言を結び付けて意味的な多様性をはかるものである。終助詞は発話者から聞き手・読み手への関係を表すもので言語行為レベルの働きをしており、文末に位置し、モダリティに関わるので、判断文の構成に関与すると見られる。(6) しかしながら、構文構造を支配するものではなく、係助詞の構文決定力とは異なる。終助詞は、疑問の「か」も禁止の「な」も、文のあり方を最終的に決定するが、係助詞のように文全体の構造には関わらない。

概して言えば、係助詞の構文は、何と言っても題目を設定し、それに対する解答を示す構文構造であり、前項と後項との二項の結び付きを判断して文を構成する。そのような係助詞であるから、動詞述語文、形容詞述語文、名詞述語文などのタイプに関係なく、広く使用されるし、モダリティ形式との対応範囲も広いのである。本書では、係助詞が構文構造に強く関わり、広義からも狭義からも判断文となることを決定付ける点において、文のなかでも基幹的構文を作る、と見做し、係助詞の構文は、日本語基幹構文である、と考える。日本語基幹構文がその他の周辺的な構文と密接不可分であることは言うまでもない。

日本語基幹構文の具体像は、主語、「取り立て」、題目、「二分結合」など、「は」の文法と関わる。以下「は」の文法を中心的な課題としつつ、判断文、現象文の区別を重視して、日本語基幹構文、および、周辺的な構文をめぐる諸問題について各章で考察を進めていく。

注

（1）山田孝雄の「思想」は、文として表し得るものを包括的に捉えたものである。本書・第二章で述べる。

（2）係助詞（カカリジョシ）は、山田孝雄が述語の「陳述」に関与し影響を及ぼす助詞に対して命名したものである。『日本文法学概論』の索引では、係、係助詞が「か」の項にある。「ケイジョシ」と発音することもあるが、山田文法に詳しい青木伶子先生は、半藤との直話において、山田博士が係助詞を「ケイジョシ」と読むことは考えられない、と述べている。

（3）本書では、従来の「主題—解説（の構造）」という表現を「題目—解説（の構造）」で統一する。

（4）時枝誠記（一九五〇）は、総論的に、助動詞が「話手の立場の直接表現であり、従つて、話手以外の思想を表現することの出來ないものであ」るとする（181～182頁）。

（5）高山善行（二〇〇二）は、判断を表す助動詞の群を「プロポジション」「モダリティ層」「終助詞層」の階層に分け、係助詞の別による助動詞の現れ方（＝係助詞の作用域）に階層上の区別があることを指摘している（第４章）。これによれば、ハ、モは作用域が広く、全ての階層に及ぶ。

（6）モダリティとしての終助詞については、半藤英明（二〇一二）で述べた。

参考文献

大野　晋（一九九三）『係り結びの研究』岩波書店
高山善行（二〇〇二）『日本語モダリティの史的研究』ひつじ書房
時枝誠記（一九五〇）『日本文法　口語篇』岩波書店
仁田義雄（一九九一）『日本語のモダリティと人称』ひつじ書房
半藤英明（二〇〇三）『係助詞と係結びの本質』新典社
――――（二〇〇六）『日本語助詞の文法』新典社
――――（二〇一二）「終助詞とモダリティ」『ひつじ意味論講座４　モダリティⅡ：事例研究』ひつじ書房
山田孝雄（一九三六）『日本文法学概論』寳文館

第一章　主語と主体

一、主語と意味的な主体

序章で述べたように、文の本質が「実在」たるモノと「属性」としての動作・状態・性質・実体などとの関係性を示すものであり、文による概念の構成が、原理的に、主語と述語の関係構成を基本とする、としたとき、「主語」には明確な規定が必要となる。「実在」たるモノである、ということだけで主語を規定しようとすれば、諸々の文法説明に窮するところとなる。日本語の主語とは何かについては、従来より用語の要・不要を含め、さまざまな議論がある。その規定は、なかなか難しいが、主語という用語には述語に対応するものとしての利便性があり、文法用語としての定着度もある。時枝誠記が述べたように、これを連用修飾語の下位類とするに異論はないが、主語の文節は、あらゆる述語用言に設けることができるなど、他の連用修飾語とは異なる文法上の優位性があり、この用語を文法説明に活かす意義は高いと思える。

「主格」を「が格」に等しいと見るとき、仮に「主格の語＝主語」と規定するならば、「水がほしい」の「水」は主語であるが、「水が飲みたい」の「水」は「水を飲みたい」の言い換えでもあり、これを「を格」相当と見れば、主語とはならない。[(1)]従来の議論にもあるように「ほしい」「飲みたい」から見た「水」は、「が」で示されるけれども、等しく発話者が欲している願望の対象と判断できる。いわゆる対象語であり、この立場では、どちらの「水」も主語ではない。主語の規定は、論者の視座に基づく。

仁田義雄（二〇〇七）では「主語という概念・用語は、その多様で複層的な文の意味内容をより十全に捉えるために役立つあり方で取り出されることが必要であろう」（1頁）と指摘する。主語は「文の意味内容」と連関し、半藤は「述語の意味内容から見て、その主体に当たるもののみを主語とするのが適当と考える」と以前に述べた。[(2)]述語から見た主体は、通常は「が格」で表示されるが、その主体を形式上の「が格」とはせず、意味内容からもはかるというのが半藤の立場である。なれば、主語の中身は多岐にわたるが、[(3)]述語の主体と扱われるものの姿は、述語の品詞、また、内容により自ずと変わる筈であるから、それは寧ろ当然なことである。

一般に、動詞述語であれば、その主体は、ほぼ動作主、状態主、存在主となり、形容詞、および、形容詞型述語であれば、属性主か認識主体になる。[(4)]例えば「鳥が飛ぶ」では「鳥」が動作主、「骨が折れている」では「骨」が状態主、「湖がある」では「湖」が存在主、「壁が白い」では「壁」が属性主であり、いずれも主語である。前掲「水がほしい」「水が飲みたい」は、ひとまず、言語化されていない認識主体の「ほしがっている誰か」が主体である。その場合「水」は、認識の向かう先、すなわち、認識対象という扱いになる（このとき、言語化されていない認識主体は、言語化されていないがゆえに主語とは見做さない）。中島文雄（一九八七）は、発話者の情意の直感的な表現である形容詞述語文では「情意の主体である「私」は意識に上らず、情意の対象が「が」で示される」（30頁）とし、「水」は主語ではない。このあたりは、時枝の認識に共通するところである。形容動詞述語は、形容詞述語の場合に準ずる。名詞述語の場合は、述語の意味内容と同一体の関係にある事物、すなわち「A＝Bだ」のときの「A」を主語とする。(5)

仁田義雄（二〇〇七）も「主語は、述語の表す動き・状態・属性を体現し担う主体として、文の表している事態が、それを核として形成される、という事態の中心をなす要素、と説明することもできよう」(6)（9頁）とする。仁田は、更に「事態の主体の内実を示すもの」として「事態に対する自己制御性を担い、その存在・ありようを左右する成分が主語である」（13頁）とも述べる。「自己制御性」とは、文の表す事態の成立・達成が主体から見て自己制御的であることを指す。ただ「壁が白い」「髪が長い」のような状態性の表現では、モノが「事態に対する自己制御性」を持つとは考えにくく、この「自己制御性」が必ずしも全ての事態に網羅的ではないと考えられることから、本章では「文の意味内容」との連関を重視し、述語の認識方法、すなわち、捉え方によって主体のあり方が変化するという観点から主語を論じたい。(7)

以下、動詞述語文として受身文、感覚動詞文、可能動詞文、また、形容詞述語文として感覚・感情の形容詞のケースを取り上げ、それぞれの主体のあり方について検討する。

二、受身文の主体

受身文の動詞述語の認識方法としては、状態性のものと動作性のものとの二通りの把握が可能である。「財布が盗まれる」であれば、「盗まれる」事態を表現した状態性の把握と、「盗まれる」行為を表現した動作としての把握とがある、ということである。(8)

・財布が盗まれる。
・内緒話が聞かれる。
・約束が破られる。

これらの場合、それぞれが事態の表現として把握され、「盗まれる」「聞かれる」「破られる」状態を形成している主体が何であるかという認識に立てば、それらの主体は「財布」「内緒話」「約束」というモノであると捉えることができ、それらは主語である。

一方、例文の述語が「盗まれる」「聞かれる」「破られる」動作として把握されれば、当然に「盗む」「聞く」「破る」動作主が発生し、それに伴い、その被動作主である「盗まれる」「聞かれる」「破られる」ヒトが想定され易くなる。このとき「盗む」「聞く」「破る」動作主は、文中に明示される際には「に」「によって」で示されるのであり、ここに「盗まれる」「聞かれる」「破られる」主体がヒト（仮に「彼」）であるという捉え方をすれば、「盗む」「聞く」「破る」動作主とは別の情報として文に加えられ、主述関係は次のようになる。

・彼が／は財布を盗まれる。
・彼が／は内緒話を聞かれる。
・彼が／は約束を破られる。

このようにヒトを示す「が格」、または、「が格相当」が現れることで、先の「財布が」「内緒話が」「約束が」は「を格」となり、「財布」「内緒話」「約束」は明確に「対象」ということになる。このように、受身文の動詞述語は、状態性か動作性かの認識方法により、その主体がモノであったりヒトであったりする。

但し、「源氏物語が書かれる」「記録が残される」のような事態の表現で状態性が強く、ほぼ動作としては捉えにくい表現では、通常では、述語の主体としてヒトを想定することはない、と考えられる。

＊ 彼が／は源氏物語を書かれる。

＊ 彼が／は記録を残される。

三、感覚動詞文の主体

感覚動詞（知覚動詞）が述語である場合も、その主体は、モノの場合とヒトの場合とがある。

・ 山が見える。

・ 歌が聞こえる。

「見える」「聞こえる」のような感覚動詞は、状態性が強く、その分、動作的ではない。従って「見える」「聞こえる」主体が、その状態を形成しているモノであると認識されるとき、「山」「歌」は主語である。

しかし、「見える」「聞こえる」は、あくまでヒトの感覚を動詞として表現するものである。この「見える」「聞こえる」を動作と捉え、その動作に関わる主体は何かと把握しようとすれば、それはヒトであることにもなる。そこでは言語化されていない認識主体が主体となり、意味的には「山」「歌」が認識の向かう先、すなわち、認識対象になって、それらは「が格」ながら主語とは呼びにくくなる。

但し、自動詞である感覚動詞は「を格」を取らず、また、それらの表現が通常は状態性のものと把握され、その主体はモノであると認識されやすい、と考えられる。感覚動詞の認識主体は、述語の主体としては二義的であることが推測され、そのために「が格」での表示がされにくく、明示の際は「は」「には」によって言語化されることになる。

・　私は山が見える。
・　私は歌が聞こえる。
・　私には山が見える。
・　私には歌が聞こえる。

上記の「見える」「聞こえる」の認識主体「私は」は、格関係に置き換えれば「が格」であり、この場合は主語である。このとき「山が」「歌が」も「が」格であるが、認識主体が明示されていることからすれば「山」「歌」は認識対象となって非主語の扱いとなる（但し「私は山が見える」「私は歌が聞こえる」の表現には違和感があり、常識的には非文と見る）。この場合「見える」「聞こえる」は動作的な把握をしている、と考えられる。

ただ、認識主体が「私には」で示されるときは、通常は「が」格が主語を示すと認識され易いため、どうしても

「が格」が主語として優先的になり、主語としての適格性が「に格」である認識主体よりも「が格」である認識対象に置かれると考える。こちらは「山」「歌」が主語となり、その場合は「見える」「聞こえる」が状態的な把握になっていると考えられる。状態的な把握をすれば、認識対象とても主語と捉えられることでは、認識主体が必ずしも主語とはならないこともある。

四、可能動詞文の主体

可能動詞の主体も、感覚動詞の場合と同様に、モノの場合とヒトの場合とがある。

・文字が読める。
・英語ができる。

これらの場合「読める」「できる」を状態性のものとして「判読が可能な状態である」「修得されている」の意で解すれば、その主体は、そのような状態を形成しているモノは何であるかということになり、「文字」「英語」が主語と判断され得る。

一方「読める」「できる」を動作性のものとして「読むという行為をすることができる」「よくこなす・話せる」という捉え方をすれば、動作主はヒトであると判断される可能性が高くなり、そこでは言語化されていない動作主が現れて、これが主語となる。動作主（仮に「彼」）は「が」の重複を避けるため、通常は「は」で示される。

・彼は文字が読める。
・彼は英語ができる。

ともに「彼は」を格関係に置き換えれば「が格」であり、「文字を読むという行為をすることができる」「英語をよくこなす」の主体は「彼」となり、なれば「文字」「英語」は動作行為の向かう先となって主語でなくなる。このとき「読める」は「を格」を取り得るため、「彼は文字を読める」とも示せるが、「できる」は「を格」を取らないので、「彼は」という動作主が示されても形式上の「が格」が残る。

五、感覚・感情の形容詞文の主体

・腹が痛い。
・心が寂しい。

感覚（「痛い」）、感情（「寂しい」）の形容詞述語文の場合、中島文雄の指摘のように、その主体は基本的にヒト、すなわち、認識主体であると考えられる。このとき、上記の「腹」「心」は認識の向かう先である。認識主体は、通常、「が」の重複を避けるべく「は」で示される。

・私は腹が痛い。
・私は心が寂しい。

この「私は」を格関係に置き換えれば「が格」であり、これが主語である。「腹が」「心が」は「を格」を取らない形容詞述語文のために「が」が保存されるが、それらは、認識主体から見た認識対象に当たる。

認識対象である「腹」「心」が「を」ではなく「が」で示されるメカニズムについては、前著に述べたところであるが、(9) 翻って、認識主体の明示がない「腹が痛い」「心が寂しい」の「腹」「心」をそれぞれの形容詞述語文の主体と考えることは無理なことであろうか。

前節までに、動詞述語の状態性が強いと、その主体をモノと捉え得ることを述べた。同様のことは、感覚・感情の形容詞の場合にも適合すると考えられる。「腹が痛い」の場合、その意味を限りなく状態性のものとして捉え、「痛い」という状態にあるモノは何か、「痛い」という状態を形成している主体は何か、という捉え方であれば、「腹」を「痛い」の属性主と見ることができる。同様に「心が寂しい」では、「寂しい」という状態にあるモノは何か、その状態を顕している主体は何か、という捉え方により「心」を属性主と見ることができる。この限りにおいて「腹」「心」は主語となる。このことは「腹が痛い」「心が寂しい」を主観的な表現としてではなく、より客観的な表現と把握していることである。

つまり、感覚・感情の形容詞の主体は、通常では、認識主体であるヒトと考えられるが、その形容詞の認識方法を限りなく状態性のものに変えることによって、その主体もモノへと変わり得るのである。

六、主語とは何か

主語を「述語の意味内容から見た主体」という観点で捉えるとき、主体の中身は、述語の品詞と密接に関わる。それとは別に、述語の意味内容に対し、その表現が状態性のものか否か、という認識方法の視点を加えることで、主体の中身はモノであったりヒトであったりと変化することがあり得る。加藤重広（二〇〇六）によれば「述部が形容性を有すると解釈できれば、一見論理関係上はガが現れないと思われる場合でもガが使える」のであり、「水が買ってある」「チョコレートが太る」「この種の作業が疲れる」「あの人の態度が困る」なども形容すべき主体に当たる（76頁）。なれば、文中に二つの「が格」が現れることで、述語から見た優先的な主体を絞り込む必要があるようなケース[10]を除けば、基本的には「が格」が主語を表している、ということも言い得る[11]。

但し「水がほしい」「水が飲みたい」に代表される願望表現については、「水が」を主語とし得る可能性は極めて低い。それらの表現全体を「事態」として状態性の視点で捉えることが仮に可能であったとしても「ほしい」「飲みたい」状態を形成している主体が「水」というモノであるという判断はしづらいからである[12]。同様のことは、誂えの表現にも言える。例えば「雨が降ってほしい」「あなたが渡してほしい」の主体は、通常は認識主体であり、その認識主体が「雨に降ってほしい」「あなたに渡してほしい」というのであるから「雨が」「あなたが」は願望の向かう先ということになり、主語とはならない。このとき「雨が」「あなたが」を「降ってほしい」「渡してほしい」という状態を形成しているモノとしての主体と見ることはできない。

状態性の視点で捉えることは客観的な捉え方をすることでもあるが、願望表現や誂えの表現は客観的なものとしては捉えにくい表現である。[13] つまり、それらの表現が著しく実体的でないことで、そこに属性主としての主体は認識しづらいと考えられ、更には、願望や誂えの主体はヒトであるべきで、モノが何かを願望することは基本的に想定外であるという常識によっても、前掲の「水が」や「雨が」「あなたが」は主語たる主体とはならないのである。ものごと・事態における主観性、客観性の視座は、かくも助詞の文法と深く関わる。

注

（1） 森田良行（二〇〇七）は、「が…たい」と「を…たい」の違いについて「両表現は事柄のどこ（半藤注、助詞の前項か後項か）に焦点を置くかの差だと考えられる」（31頁）としている。
（2） 半藤英明（二〇〇六）259頁
（3） 野田尚史（二〇〇二）は、従来の主語の扱いには動作主、主格、意志主、モダリティ主などが混然としていると指摘する。
（4） 加藤重広（二〇〇六）では、動作性述語文の「が」が「動作・行為・変化・認識などを行う主体を標示する」とし、形容性述語文の「が」が「状態・属性・性質など形容すべき主体を標示する」としている（76頁）。
（5） 「春は|あけぼの」の「春は」を、中島文雄（一九八七）の指摘のように「副詞的な語句」（116頁）と見れば主語としにくい。しかし、格関係に置換する限りにおいて「が格」以外ではあり得ないことから、「が格」が主語と認識され易いなかでは、ひとまず主語と見做すこともできよう。
（6） 以下「また、主語の外的な現れの基本は、題目表示形式や取り立て助辞の外皮を取り去れば、ガ格で表示される要素である」と続く。
（7） 時枝誠記（一九四一）において対象語か主語かの認定に明確な限界を定めることができないとしているのは、本章の主旨に合致する。

（8）このような把握は「雨が降る」「犬が歩く」などの動作性の動詞にも適用可能なことではある。
（9）半藤英明（二〇〇六）・第十六章で述べた。
（10）「象は鼻が長い」「広島はカキが本場だ」の「〜は」「〜が」のように、二つの主語を認めざるを得ないケースもある。ちなみに「カキは広島が本場だ」の「〜は」となると格関係としては捉えにくく、副詞的な語句であると見れば主語とはしにくい。
（11）この結論が、単純に「が格」が主語である、というものとは異なる文脈であることは言うまでもない。須永哲矢（二〇一〇）の指摘する「基本的にはガ格語を主語としたうえで、このようなガ格は例外的に「主語」から外す、という方法もありうるが、その場合は「ガ格＝主語」という形の上からの規定を離れ、意味の面から主語を規定していくことになるだろう」（47〜48頁）というのは、本章の立場に近い。
（12）加藤重広（二〇〇六）では、「水が飲みたい」について「「水」は「飲む」という動作の対象であるが、「飲みたい」という形容述語からすれば、その属性を有する主体と見なされる」（76頁）と述べるが、従えない。
（13）「夏が好きだ／嫌いだ」のような表現も「夏が」を「好きだ／嫌いだ」という状態を形成する主体とは捉えにくく、好悪の表現でも属性主としての主体は認識しづらいと考えられる。

参考文献

加藤重広（二〇〇六）『日本語文法　入門ハンドブック』研究社
須永哲矢（二〇一〇）「文の分析と主語――「主語」を問う視点」『国文学　解釈と鑑賞』第75巻第7号
時枝誠記（一九四一）『国語学原論――言語過程の成立とその展開』岩波書店
中島文雄（一九八七）『日本語の構造―英語との対比―』岩波新書
仁田義雄（二〇〇七）「日本語の主語をめぐって」『国語と国文学』第84巻第6号
野田尚史（二〇〇二）「主語と主題――複合的な概念である「主語」の解体に向けて」『言語』30周年記念別冊
半藤英明（二〇〇六）『日本語助詞の文法』新典社

森田良行（二〇〇七）『日本語質問箱』角川ソフィア文庫

第二章　「が」格の原理

一、格をめぐって

文における主語の認定は、その項が「が」格相当であるかどうかのケースをも含め、「が」格との連関が欠かせない。

日本語文法において「格」の概念は定着しているが、例えばイェスペルセンを引用するまでもなく、異なる言語間で「格」を共通のものとして捉えることは難しい。(1)言語の本質論として「格」に概念的な通用性があろうとも、形式の「格」と意味の「格」は、諸言語それぞれにおいて分析されるべきものであり、その点で言えば、日本語としての「格」の規定は当然に存在する。

『日本語大事典』（朝倉書店、二〇一四）によれば、「格」とは「主に名詞相当語句が係り先である文中の支配要素との間で取り結ぶ統語的（syntagmatic）な関係をいう。」（上巻336頁、仁田義雄執筆）とされる。更に「日本語の文法研究では、格の範囲について広狭いくつかの立場がある。」として、名詞相当語句以外から係り先への関係を含むもの、述語に対する連用関係を中心に捉えるもの、係り先が名詞句となる連体関係をも含むものなど、さまざまな立場が指摘されている。そのような日本語の「格」をここで検証するものではないが、膠着語としての日本語、とくに助詞による文法構成という観点からすると、如何に「が」格を捉えるかということが日本語の文法原理と深く関わることに気付く。

従来の格に関する論から半藤が考えるところでは、名詞述語文の「が」格は、動詞述語文に見られる格とは別の「疑似格」とでも呼ぶべき特別な連用成分である。名詞述語文の「が」格は、いわゆる主語とはし得るが、述語から見た主体ではなく、いわゆる転位陰題文などの判断文において判断文としての構成素を表示するものである。(2) このような考え方は、形容詞述語文（便宜上、形容動詞述語文を含む）の「が」格の捉え方とも関わり、全ての述語文に「が」格が存在する事態を如何に捉えるかという論点とも繋がるものである。

文によって何らかの形容を表現するという観点では、文脈が不要で直観的な「が」構文に対し、そうではないものがある。

・　顔が黒い。
・　髪が長い。

これらは、ありのままをダイレクトに表現したものであるが、次例は、同様の使用環境にない。

・　カラスが悪い。
・　法律が正しい。

どちらも直観的な表現ではなく、この場合、前提となる話題「悪い鳥は何か」「世の中で正しいものは何か」や、その表現を適当とする文脈「通常カラスは悪くないのに」「世間の常識よりも正しいものと言えば」が必要である。「カラスが悪い」「法律が正しい」は、通常は転位陰題文としての表現である。文脈と無関係に「カラス」「法律」を「悪い」「正しい」と形容するならば、「カラスは悪い」「法律は正しい」が普通であり、これは、いわゆる措定文と呼ばれるものの在り方に相当する。(3) すなわち、形容詞述語文の「が」格は状態・属性の主体表示であるが、文の類型的に均質ではない。その背景については、既に論じたところであり、形容詞述語文では主体表示が一元的でなく、属性形容詞（あるいは状態形容詞）か感情形容詞かの別によっても「が」「は」の選択が行われる。(4)

動詞述語文であれば「が」で安定する主体表示が、形容詞述語文の場合に必ずしも安定的でないのは、後述するように、形容詞述語文の「が」格が動詞のようにそこに内在する成分ではないことの結果であるとも考えられる。そう仮定する場合には、形容詞には内在しない「が」格成分が形容詞述語文に生ずる構文的メカニズムを明らかにしなくてはならない。名詞述語文の「が」格も片付いた問題ではなく、名詞述語文と動詞述語文の「が」格を区別しない立場は依然としてある。

そこで、格体制に乏しい名詞述語文と、それに近い構文的状況にある形容詞述語文のそれぞれの「が」格が如何なる発生メカニズムにあるのかを考察し、格の把握の仕方に関する可能性について論ずる。

二、述語文の類型

まずは、概論的に「が」格とさまざまな形式的述語文との関係について確認しておく。文は、周知のように、多方面からの類型化が可能であるが、内容的な客観性・主観性の観点からは、二項対立的な区別として、現象文と判断文とに分けられる。(5) 現象文は、具体的な現象をそのまま直観的に描写したものであり、現象描写文とも呼ばれる。判断文は、発話者の主観的な判断を表明するものであり、判断文の主観性には強弱の幅が考えられる。文は、基本的に、発話者の認識を形式化したものであり、これを文全体で捉えるならば、ほとんどの文の形態、および、類型が判断文となる。すなわち、コミュニケーション上、現象文の出現は多くないと考えられるが、その存在、および、意味性は「が」「は」の構文を分析する上で重要である。

その観点からすると、動詞述語文は、一つに、述語から見た動作の主体を「が」で表示して現象文を作る。

・鳥が飛ぶ。

・犬が歩いている。

その述語に判断のモダリティ助動詞を伴えば、判断文となる。

・鳥が飛ぶだろう。

・犬が歩いているようだ。

「が」は主体表示を任としており、現象文か判断文かを支配する機能は持たない。「が」の主体表示は文脈の制約を受けず、文脈との関係性は薄い。現象文の「が」に代えて「は」を用いれば、「は」構文の題目―解説の構造に伴い、その動詞述語文は判断文となる。「は」は必ず判断文を作る。

名詞述語文は、述語が名詞＋判断のモダリティ助動詞となるものであり、基本的に判断文である。従って、文の構造としては題目―解説の構造が馴染むところであり、ほとんど「は」構文となる。題目については、本書・第七章、第八章で論ずる。

・彼は男だ。

・戦場は墓場だ。

名詞述語文で「が」構文となるものは、ほぼ転位陰題文である。

・男が犯人だ。（＝犯人は男だ。）

・大学が最高学府だ。（＝最高学府は大学だ。）

非転位陰題文のものとしては、眼前の状況を表現しているものや、「は」構文に近似の解説的なものがある。

・隣が火事だ。
・実家が花屋だ。

前者は、仁田によれば現象描写文である。後者は「実家が花屋を営んでいる」といった動詞述語文を視野としつつ、「実家は花屋だ」に相当する判断文を作るものである。名詞述語が「が」格成分の状況説明にあり、前者とは連続的であると考えられる。この判断文は、「は」を用いればモノの典型的な解説となるところを「が」を取ることで描写的な解説としたものであり、「は」構文に見える論理的な解説口調を弱める意図の下にあろう。山田孝雄（一九三六）は「は」が論理的性質をよく表すことを述べている（492頁）。なお、前者「隣が火事だ」では、述語が事態的なので「が」格は述語から見た主体表示ととれる一方、後者の「が」格は主体表示とはならず、動詞述語文の「が」格と同一視はできないものである（これについては後述する）。名詞述語文の「が」格は、述語の意味内容がモノであったり事態的であったりする分、表示の内容も一様ではない。

形容詞述語文は、述語から見た状態主・属性主を「が」や「は」で表示する。概して、述語が属性形容詞では「が」となり（「顔が黒い」「髪が長い」）、情意性や主観的判断を含む感情形容詞、および、感情形容詞扱いのものでは「は」となる傾向がある（「先生は怖い」「富士山は美しい」）。前者は通常は現象文であり、後者は判断文である。形容詞述語文が名詞述語文に見られる転位陰題文のタイプともなることは前述の通りである（「カラスが悪い」＝「悪いのはカラスだ」、「法律が正しい」＝「正しいものは法律だ」）。動詞述語文にも転位陰題文のタイプがあるが、いずれも判断文である。

このように、「が」「は」の表示選択と形式的述語文とは個別的な相関性がある。そこでの問題は、全ての述語文に必ず「が」格が存在する事態（名詞述語文、形容詞述語文には「が」格以外のものが現れにくい）と、しかし「が」格の表示が全てに均質ではないことを如何に捉えるかということである。

三、格支配の範囲

「格」の規定は、前述のように困難だが、本書は、精密な構文論的分析から日本語としての格を論じた青木伶子（一九九二）に基づく。青木は、格助詞が「修飾関係において意味解釈される深層格を示すことは出来ない。」（37頁）としており、日本語の格を文の表層レベルで捉える。

青木の格構造論は、渡辺実、北原保雄らの構文論を発展的に継承したものである。青木は「述語用言は、夫々の素材概念に応じて諸格素材概念たるべき「何か」を内在せしめてゐる」とし、「私の考へる格機能とは、或る体言的素材概念を、述語の素材概念に対して主格素材概念の資格において、或いは、目的格素材概念等の資格において関係づける職能であるが、そのために、既に述語動詞によつて用意されてゐる、あるべき席——これの存在が述語動詞のもつ統括機能と直接に関るもの——へと導いてくるものである。」（66〜67頁）と論じた。半藤の理解するところで補足すれば、述語用言、とくに述語動詞の意味的概念は、その内容に応じて必要となる（格表示されるべき）意味的素材を含む全体として形成されている。例えば、他動詞の場合には、主格・目的格によって表示される意味的素材のほか、場合によっては、これに使役格が加わるなど、各々の他動詞に応じて必要となる意味的素材を内在しており、それら全体として動詞の意味的概念が形成されている。このとき、格機能は、格表示された具体的な意味的素材を、述語用言の意味的概念として述語用言に対して関係付ける働きである。つまり、格成分とは、述語用言が本来的に持っている筈の意味的概念を具体的に明示したものである。なお、格機能には格確認と格付与とがあり、青木によれば、前者は述語用言に内在する意味的素材として必要性の高い格成分が述語用言と――そこに内在するが故に直接的に関わる必要がないという点において――間接的に関わる機能であり、後者は同じく間接的機能ながらも述語用言に内在する意味的素材を明示的に選択決定して表示するものである（67～70頁）。

以上を要するに、格とは、述語用言本来の動詞・形容詞としての意味的概念とともに、そこに内在している格成分としての意味的素材を加えたトータルな意味的概念に対し、具体的に意味的な明示を行うという関係表示のあり方であり、また、格成分とは、述語用言の意味的概念の完成に向けて必要となる意味的素材を明示化したものである。青木は、そのような格成分を述語への「直接成分」と呼び、格以外の連用成分を「間接成分」とした。両者は述語から見て必要不可欠か否か、理論上は、述語に内在するか否かを分岐点とする。直接成分は関係性が密接であるという点において述語と一体的であり、しかも、述語とは従属関係にある成分である。間接成分も述語と従属的関係ながら、直接成分が述語の意味的概念の補完的成分である一方、間接成分は付加的成分である（29～36頁）。両成分の問題については、本書・第三章でも取り上げる。

上記の考え方は「動詞の格支配」に通ずるものである。「動詞の格支配」とは『日本語大事典』によれば「動詞を中心とする述語には、文の形成にあたって自らの表す動き・状態・属性を実現するために、いくつかの名詞句の生起を選択的に要求するという働きがある。」（上巻337頁、仁田義雄執筆）というものである。例えば、述語の表す動き・状態・属性に対し、それらの主体表示として選択的に要求されたものが「が」格であるが、「話す」という動作動詞では主体表示のほかに、～で（場所）、～を（対象・内容）、～に（相手）などが選択的に要求され得る。動詞述語には、その表す内容に応じて「が」格以外のさまざまな格が発生する。通常、他動詞には対象表示としての「を」格が要求されるが、自動詞には必要ではない。動詞は、それぞれの動詞において必要とされる格体制を形成する。

しかし「長い」という属性形容詞の述語では、長い形状にあるものの主体を示す「が」格のほかには選択的に要求される名詞句が想定しにくい。その他では長い形状の様子を修飾限定するもの、すなわち、程度や様態を表す「とても」「ほっそりと」などの副詞的成分たる間接成分あたりがせいぜいである。形容詞は状態・属性を表しており、動詞ほど選択的に要求される筈の名詞句の要素が存在せず、そこに必要な格成分とは、ほぼ、その状態・属性の主体を示す「が」格成分となる。動詞の場合でも、存在を表す「ある」の場合には動作動詞よりも格の選択幅が多くなく、概して言えば、全体として状態性の表現では格体制が限定的である。

青木や「格支配」論に倣い、形容詞述語文の「が」格成分を形容詞そのものに内在する意味的素材とし、形容詞述語から選択的に要求された主体であると見ることは勿論可能である。「長い」の意味的概念に、その主体となる主格成分が含まれているということは十分に考えられる。しかしながら、形容詞述語文が「が」格以外の格関係を表示することが稀で複数の格とほぼ無縁であることや、形容詞の本来性が連体修飾にあったと考えられることからすれば、(6)もともと形容詞そのものには格支配の能力がなく、形容詞述語文の「が」格成分は、動詞の格支配とは別の論理で設定されると考えることもできよう。この点は、名詞述語文でも同様である。名詞述語に格支配の能力を想定することは不可能ではないが、後述のように、私見ではあり得ない。青木では格成分の母体を「述語用言」とし、「格支配」論では「動詞を中心とする述語」としているが、それらの名詞述語の扱いには考察の余地がある。

動詞のように形容詞・名詞述語にも格成分が内在するのであれば、いずれ内容的に均質の「が」格が設定されなければならないだろう。形容詞述語文の主体表示が不安定なことからも、形容詞そのものには「が」格成分が内在していないとの推測は可能であり、また、名詞述語文の「が」格が転位陰題文などの判断文に使用され、述語から見た主体とは捉えにくいことも同様の推測に繋がるものである。

理論上、ものの状態・属性の表現では、それを語る形容詞とともに形容の主体たる存在が不可欠である。形容詞述語は、何らかの主体の存在なしには成立し得ない。「が」格が主体表示をする限り、形容詞述語文の「が」格成分は、たとえ形容詞そのものに内在せずとも、文の成立の前提として必ず存在していなければならない性質のものである。しかも、この原理は、形容詞述語と「が」格成分との関係に留まらず、述語の表す動き・状態・属性のいずれに対しても当て嵌まるから、一般に「が」格が受け持つ「主体」の概念とは、実は、文における原理的な存在である。

名詞述語文は「が」格による主体表示が現れない。名詞述語の表現は、何らかの存在に対応する説明部分であるから、当然に「解説」に先んずる「題目」としての名詞句が必要である。その名詞句は、名詞述語から見た「主体」ではなく、解説されるべき題目であり、述語から見れば「説明対象」とすべきものである。それは、主体表示の「が」格で表される性質のものではない。前掲「実家が花屋だ。」の「が」格成分も述語の主体ではなく、この成分も「説明対象」に当たると考えられる。しかも、この「が」格成分は、極めて題目的である。ただ、それらの存在自体は、上記の「主体」に相当する存在であるから、それらも上述の文の原理的な存在に適合するものである。

四、文の原理

文の原理を論ずる際に視野とすべきは、文の基本的構成素とは何か、である。山田孝雄（一九三六）は、文の原理として「主位観念」と「賓位観念」との結び付きを論じた。すなわち、用言が述語となることを「述格」と呼びつつ「述格のあらはす陳述とは上述の如く、思想上、主位観念と賓位観念との對比といふことの存立といふことを先在の条件として、その二者の間の關係が異か同かのいづれにあるかを明らかにする爲の精神的作用の言語的發表なり。」（679頁）と述べた。この引用文は、いわゆるコピュラ文を想定したものであるが、文における「先在の條件」、すなわち、基本的な存在として「主位観念」と「賓位観念」とを設定していることは重要である。

現象文にせよ判断文にせよ、分析的に何かを表明するにおいては、まず「何らかのもの」の存在が優先的にあり、それが何らかの動きを示したり、何らかの状態や存在、および、説明対象であることで、文としての成立が促される。「何らかのもの」とは「主位観念」であり、その動きや状態や存在および説明が「賓位観念」である。それらは、文としてのモダリティに先んずる「命題」の根幹である。「何らかのもの」を主語と呼び、その動きや状態や存在および説明を述語という用語で捉えれば、主語と述語とは文の成立に不可欠で最も基本的な存在である。

尾上圭介（二〇〇六）も、文の原理を論述した卓説である。尾上は、文が基本的に名詞と動詞から成り立っていることに基づき、主語が「存在するもの」を、述語が「在り方」を表し、その二項によって平叙文・疑問文は形成され、一方、そのような「主述二項分析的に語られるものではない」ものとして希求・命令文があるとした。そして「文表現というものは、どのようなものであれ、すべて、存在承認か希求であるということになる。」（９頁）と述べた。「存在承認」とは、文字通り、その「存在」を如何なるものとして認識したかを文として表明するということであり、「希求」とは「存在を求められるモノ」か「求められる在り方」かのいずれかを文として表明することである。後者の場合「存在」と「在り方」の結び付きとしては考えられないから、平叙文・疑問文のような述定文とはならず、いわゆる感動喚体句のような非述定文となる。そこで結論的には、言語が概念を用いて意味を表現するならば、「所詮モノ概念の名称に過ぎない名詞一語が文としての意味を表現する場合とは、その概念の指示対象の存在承認か希求であらざるを得ないのである。」（８頁）となる。文の形式として述定文と非述定文とがあるにしても、「存在するもの」

としての主語とその「在り方」としての述語とは、それらの文の前提となる原理的な存在として認められる。仁田義雄（二〇〇七）では「主語は、述語の表す動き・状態・属性を体現し担う主体として、文の表している事態が、それを核として形成されるという事態の中心をなす要素、と説明することもできよう」（9頁）としている。(7)

山田も尾上も「存在するもの」としての主語と、その「在り方」としての述語とを設定し、その結び付きとして文を捉える。表現上、主語の省略が適うことは、その原理的な必要性を否定するものではない。いわゆる主語無用論——三上章（一九七五）には「主語は日本文法には全く必要のない用語なのである」（51頁）とある——は、本書においては当たらぬものである。

主語に当たる「存在するもの」とは、通常、述語から見て「が」格で示される（モノとしての）主体か、「は」、または、「が」で示される（モノとしての）説明対象である。山口明穂（一九九三）は「もし、日本語に関する議論の中で、主語という言葉を用いる場合、主語は述語の表す事態をもたらした存在を意味して用いたと考え、行為の主体（実際の行為者）、状態の主体を表す語と考えるべきではない。」（11頁）と述べている。これは「存在するもの」を基本的存在とし、それが述語との関係において主体と見做されるという発想である。なれば「が」格は、文の原理という観点からすれば、最も基本的な存在を表示するものであり、他の格成分と較べて特別な位置にあるということができる。

動詞述語文、形容詞述語文、名詞述語文の全てに「が」格が設定し得るのは、動詞、形容詞、および、名詞述語に格成分たる意味的素材が内在していようといまいと、その存在（モノとしての主体、もしくは、説明対象）が文に不可欠の本質的な存在だからである。文において「存在するもの」とは、格であれ格以外であれ、いずれ表示されるべき成分である。そのような理解では、動詞述語文、形容詞述語文、名詞述語文に生ずる「が」格を述語に内在する意味的素材とは捉えず、全ての「が」格成分を述語と対立的な位置に置く発想も可能である。つまり、全ての述語文に設定できる「が」格を、述語の内部成分とする考え方からは切り離して特別視するのである。その場合には、述語用言に内在する格成分というものを「が」格以外のもの（それらを直接成分とする）とし、「が」格については、述語用言には内在しないという点において、全てに特別な格成分ということになるであろう。

しかし、そのように「が」格を直接成分から外すには「が」格と諸格成分それぞれとの関係を整理しておかなければならない。「存在するもの」、すなわち、主語が文の基本的な存在であるにしても、「が」格成分とはその一面に過ぎない。これまでの考察からすれば、「存在するもの」とは、主語たる存在としては述語と対立的なものということになるが、これを「が」格として捉えることは、名詞述語文の「が」格を除けば、述語と対立的な存在であるものを述語の従属的な成分として把握することである。名詞述語文の「が」格は、転位陰題文での「が」格も題目的な「が」格も、どちらも主体表示ではないから、対立的な存在とし得る。すなわち「が」格は、各々の述語文のあり方において理解するところが異なる。

渡辺実（一九七一）は、文中において格助詞が不要とされる「無形化」について「連用関係は統叙（半藤注、述語の統語機能）によって十分成立し得るものであるがゆえに、連用展叙（半藤注、連用修飾機能）によって形成されるべき連用成分は、時として連用展叙を欠いた素材単独の姿をとり得るのである。」としつつ「実際に無形化するのは「が・を・に」の三つぐらいであって、その他の連用助詞（中略）などは、殆どというより絶対に無形化することがないのである。」（167頁）と述べた。古典語の格体制では、格助詞「が」「を」の位置に相当する部分の多くが無形化することから判断しても、それらの格は述語との関係性が強く、述語から見た必要性が高い。「が」「を」の無形化は、青木が説く（格機能のうちの）格確認の論理と関係し、そのなかで起こる事柄である。つまり、格機能は述語との関係性が不可欠であり、諸格成分に述語との関係性において濃淡があるならば、格体制が豊かな述語文と「が」格のみ現れる述語文とでは格をめぐる論理性が異なることも考えられる。

従って「が」格の位置付けは、翻って、格体制が異なる各々の述語文との関係性のなかで再考する必要がある。

五、「が」格の原理

動詞述語文の場合に、現象文としても助動詞を伴う判断文としても、主体表示として均質な「が」格を取り得ることは重視されなくてはならない。動詞から見た主体という位置が揺らがないことは、動詞述語文の「が」格が動詞との関係性を極めて強くしていることである。ただ、動詞述語文にとって「が」格のみを他の格と著しく区別しなければならぬ必然性もない。「が」格の任である主格表示のみを他の格表示とは区別して動詞の内部成分から外すならば、「が」格と他の格とは動詞との関係性が異なることになる。

他動詞の場合、「を」格は動詞の他動性を象徴するものであり、文の情報的に不可欠の補充成分である。他動性にかかる「が」格（主体）と「を」格（対象）の関係性は不可分であり、「を」格は「が」格と同等の、もしくは、それに次ぐ必要性の高い存在である。すなわち、他動詞において「が」格のみを動詞から独立した対立的な成分とし、「を」格を動詞の内部成分とすることが妥当とは思えない。動詞との格関係は、情報的な必要性の濃淡があろうと、動詞が必要とする成分であり、この点で、動詞述語文における格の体系は一体的であるべきだろう。

動詞述語文の「が」格成分については、やはり、動詞の内部成分と扱うということが理論的に落ち着くところとなるだろう。本書としては、従前通り、動詞については動詞の格支配、すなわち「が」格を含めた格成分の動詞への内在を認め、動詞の意味的概念には主格成分が内在しており、「が」はその必要性に応じて「存在するもの」を主体として表示すると考える。

しかし、名詞述語については、格成分の内在を認めない。名詞そのものには機能性がなく、名詞が素材の概念表示に留まることは常識的である。モノ、コト、サマの区分で言えば、モノの概念を表す名詞には、本来的に「が」格を含む内部的な格成分などは想定し得ず、名詞全般を見ても、基本的には、内部成分たる格成分の存在は必要ないと考える。(8)

名詞に格成分の内在を認めないとしても、これを名詞述語にまで拡大できるかという議論はあろう。名詞が助動詞とともに述語になれば、そこに「が」格が発生する。しかし、助動詞そのものにも「が」格を始めとして内部的な格成分の存在は想定しづらく、名詞述語が名詞そのもののケースと同様に、ほぼ被連用修飾よりも被連体修飾となることからも、名詞述語のトータルな意味的概念としても少なくとも内部的な格成分は存在しないと考えられる。(9)

・記憶に引っかかっている写真である。　（森村誠一『砂漠の暗礁』ハルキ文庫）

・金沢が提供した復元写真は捜査本部に波紋を投げかけた気配である。　（同）

・それが第一の「源氏物語」であった。　（大野晋『日本語の年輪』新潮文庫）

・これはことに女の人の好む表現法である。　（同）

つまり、名詞述語文での格成分（とくに「が」格）は、それを格と見る上では、意味的な分化による後発的なものであり、本書・第三章でも述べるように、仮に間接成分たる格というものが容認されるのであれば、それに当たるものである。しかしながら、前述のように主体表示ではない名詞述語文の「が」格成分は、果たして格と捉えるべきものか。

名詞述語文は、典型的には「は」構文となり、題目―解説の構造を取ることが基本である、と考えられる。通常「は」で表示する名詞句は「存在するもの」を述語から見た主体としての主語ではなく、題目たる主語として表現するものである。主体表示ではないので「が」を使用する環境にない。つまり、名詞述語文の主語は、述語内部には存在していない意味的素材と考えることができ、そこでの「が」格とは、本来は述語の主体を表示する「が」格というものが典型的な「は」構文としては作り得ない転位陰題文のケースにおいて主語を表示するものとして表出したり、また、「は」構文ならずも題目―解説の構造にあって題目的な主語を表示したりするものである。そのような「が」は、形式的な、みかけ上の連用成分であり、解釈的に、その働きは「は」的な主語と述語の関係性を築いている、と言い得る（半藤は、係助詞たる「が」を認めない）。ちなみに、北原保雄（一九七三）では、格成分を除く修飾成分（連体修飾成分を含む）について「それらはいずれも修飾対象成分の素材概念を修飾限定するものであり、補充成分（半藤注、格成分）のように述語との間に論理的関係（格関係）を構成するものではない。」（16頁）としている。転位陰題文における主語と述語の関係は、題目と解説の関係に準ずるものであり、題目的な「が」格であれば論理的関係を構成しない。なれば、それらを格とは認めないというのも一つの考え方として可能となる。これが上述の「疑似格」の論理である。

形容詞と「が」格との関係については、形容詞の全体において「が」格成分の内在・不在の混在があるとは考えにくいので、二つの考え方ができる。

一つには、全ての形容詞の意味的概念に格成分たる意味的素材、すなわち、主格成分の内在を認め、「が」による主体表示を形容詞述語文の基本とする考え方である。つまり、形容詞述語文の「が」格は、動詞述語文の場合と同様に、述語に対する直接成分であると見る。この場合「は」を使用する形容詞述語文は、判断文の構成に資するという構文上の要請に基づくものである。例えば、感情形容詞の述語での使用は、判断文の色合いを強くするため、「私は歯が痛い」で言えば、文の構成上モノとしての存在たる認識主体「私」が判断文の構成に当たる「は」で表示され、文の分析からは認識対象とし得る「歯」がモノとしての主体として扱われて「が」の表示になる、と説明できる。

二つには、本章・第三節で推測したように、形容詞そのものには「が」格成分が内在しないとする立場が考えられる。これは、形容詞述語文の基本を措定文の類型と捉えることである。形容詞述語文の典型を名詞述語文に同じく「は」構文であると見るとき、形容詞述語文の「が」格は「存在するもの」を形容詞の意味的概念としての内部成分に見立てる形で生ずるものである、と説明することになる。もともと形容詞の意味的概念ではない「が」格成分（属性主）を、そこに組み込んで認知しつつ、格成分として発生させる、ということである。この「が」格は、述語から見た主体であるので正当な「が」格であり、名詞述語文の場合のように格でないとする扱いは難しい。しかし、述語の内部成分ではなく、必要に応じて設定された後発的な格ということでは、動詞述語文の格のような直接成分とはし得ず、せいぜい疑似的な直接成分か、もしくは、間接成分たる格か、である。

前述の通り、動詞述語文の「が」格は、現象文か判断文かにとらわれず、主語と述語との一体的で従属的な関係を表現するが、現象文を作る際には「が」格での主体表示以外にはあり得ない。形容詞述語文でも主語と述語により現象文を作る際には「が」格しか取り得ず、決して「は」を使えない。つまり、述語から見た主体をマークする任の「が」格は、形容詞述語文の類型としては主に属性形容詞を述語とする現象文の表明や、名詞述語文に同様の転位陰題文の構成といった、「は」の使用が不都合な構文の形成時に主語の表示として発生するものと考えられる。

形容詞述語による転位陰題文の構成（「カラスが悪い」「法律が正しい」）では「が」格成分が述語から見た主体となるので、名詞述語文での転位陰題文に較べると格表示的に正当であり、自然である。形容詞述語文の「が」格が総じて主体表示であることは形容詞への主格成分の内在を想定し易くする要因となる。しかしながら「が」格を形容詞の内部成分とはしない考え方にもメリットがある。かつて議論の多かった「象は鼻が長い」に代表される「―は―が＋形容詞述語」の構文メカニズムは、形容詞に主格成分が内在しているという観点からは説明しにくい。形容詞述語「長い」から見た主体「鼻」とともに「象」もまた「（鼻が）長い」から見た主体と分析し得るが、主体「象」の内在する先は「長い」とはしにくく、それぞれの主体は「存在するもの」としての「象」「鼻」を形容する表現上のプロセスにおいて必要とされる主語の表示がなされたものと考えられる。前掲「私は歯が痛い」も同様に「存在するもの」である「私」「歯」について形容するプロセスで、それぞれ「は」「が」の選択がなされるものであり、[10]いずれが述語の主体であるのかの問題は結果論とすべきであると思われる。

名詞、形容詞に「が」格の内在を認めない立場は、それらの述語文での「存在するもの」の主語としての表示に「は」が適さない、もしくは「は」を使用したくない場合において「が」格が発生する、と考えるものである。「は」構文とは、判断文の構成素となる「存在するもの」、すなわち、主語を題目とし、これに対する解説をもう一方の構成素である述語で行う構造体であるから、「は」は一面で述語に「が」格成分が内在しない文の構成を行うものである、とも論じ得る。

六、まとめ

文の原理として、主語と述語の存在を前提とするとき、「が」格の発生メカニズムは、以下のように説明できる。文は「存在するもの」としての主語とその「在り方」としての述語で形成される。このとき、動詞述語文には動詞そのものの意味的概念に複数の格成分が受け持つ筈の意味的素材が内在しており、格確認、または、格付与といった格表示の選択を受けながら、主語の表示は述語から見た動作主体を表す格により「が」格となる。「が」格で表示されるべき主語を題目化して判断文を作るとき、主語の表示は「は」となる。

名詞述語文は、名詞述語の意味的概念に格成分としての意味的素材が内在しないため、主語の表示は格表示としてはなされず、述語から見た説明対象として「は」で題目化される。これは、名詞述語文が基本的に判断文しか作らないことと連関している。但し、名詞述語文のうちの転位陰題文の構成では、通常の「は」構文の構造である題目—解説の構造が取れないため、主語の表示は動詞述語文の主格、主体表示である「が」で代用することになる。また「は」構文の題目—解説の構造に同様ではあるものの「は」構文よりも論理的な雰囲気を弱めた判断文の構成としても「が」を使用する。

形容詞述語文については二つの考え方ができるが、本章では、次のように考える。形容詞の意味的概念にも格成分としての意味的素材が内在しておらず、形容詞述語文の主語の表示は、通常「は」で題目化されるが、形容詞述語文のうち、主に属性形容詞を述語とする現象文や転位陰題文を構成する際には「は」の使用が適わないため、動詞述語文や名詞述語文のあり方に通ずる形で主語の表示が「が」となる。

注

(1) 安藤貞雄訳『文法の原理』(中)・第13章、岩波文庫、二〇〇六年

(2) 半藤英明(二〇〇六)・第十七章で述べた。転位陰題文は、題目的な部分を持つ「が」構文であり、ほぼ同義の「は」構文への置換が適う。仁田義雄(一九九一)では「題目と解説部分をひっくりかえした形で答えているものが、〈転位陰題〉の有題文である。」(43頁)と述べている。なお、転位陰題文は、『日本語文法事典』(大修館書店、二〇一四)によれば、いわゆる指定文(倒置指定文に対する)である(365頁)。

(3) 措定文は、『日本語文法事典』によれば、「AはBだ」の名詞述語文のなかで「彼らは画家だ」のようにAがBの属性に帰すものである(365頁)。

(4) 主語となる名詞の内容、現象文か判断文かの別などの影響を受ける。半藤英明(二〇〇六)・第十六章を参照。

(5) 既述のように、仁田義雄(一九九一)に詳細な分析がある。仁田によれば、現象文・判断文は「述べ立て」の文のレベルにある。「述べ立て」の範疇にあるも、より伝達のモダリティを強くする疑問文については、本書・第十一章において「未判定文」、または「未判定判断文」の観点で論ずる。

(6) 「顔が化粧で華々しい。」「ダムの水が豪雨で満杯だ」のように「によって」に置換し得る「で」格の発生があり得るが、それが述語の内部的な意味的素材であるとは考えにくい。形容詞の本来性については、山口佳紀(一九八四)に「要するに、形容詞は修飾語として他の成分に従属するという所に本領があり、自らが述語になって文構成の中心になる力に乏しいということである。」(36〜37頁)とある。

(7) 仁田義雄(二〇〇五)では「文の中核・センターをなす述語」と表現している(28頁)。すなわち、仁田も主語と述語とを文の基本的構成素と捉えている。

(8) コト・サマの概念では或いは想定も可能であるが、論述の範囲が拡大するので、今は不問とする。

(9) 本書・第三章で論ずる。例えば「犬が大空にジャンプだ」のような格の発生も名詞述語の内部的な格成分とは考えられず、通常の格成分とは別の扱いが必要である。

（10）　感情形容詞の主体は、通常は認識主体「人」であるが、表現全体の状態性を高めれば「もの」にもなり、表示内容に応じて「は」「が」の選択がある。半藤英明（二〇〇六）・第十六章、本書・第一章を参照。

参考文献

青木伶子（一九九二）『現代語助詞「は」の構文論的研究』笠間書院
尾上圭介（二〇〇六）「存在承認と希求―主語述語発生の原理―」『国語と国文学』第83巻第10号
北原保雄（一九七三）「補充成分と連用修飾成分―渡辺実氏の連用成分についての再検討―」『国語学』第95集
仁田義雄（一九九一）『日本語のモダリティと人称』ひつじ書房
――――（二〇〇五）「名詞文についての覚え書」『日本語学の蓄積と展望』明治書院
――――（二〇〇七）「日本語の主語をめぐって」『国語と国文学』第84巻第6号
半藤英明（二〇〇六）『日本語助詞の文法』新典社
三上　章（一九七五）『三上章論文集』くろしお出版
山口明穂（一九九三）「助詞の機能―「が」をめぐって―」『国語と国文学』第70巻第3号
山口佳紀（一九八四）「2　形容詞の活用」『研究資料日本文法3』明治書院
山田孝雄（一九三六）『日本文法学概論』寶文館
渡辺　実（一九七一）『国語構文論』塙書房

第三章　述語と連用成分

一、述語と連用成分

前章まで主語を中心に据えて文を検討したので、本章では述語の視座で論ずる。具体的には、いわゆる連用修飾成分（以下、連用成分と呼ぶ）と述語との関係のあり方について論ずる。助詞の機能から見ると、格助詞「が」が動詞述語文を典型とし、係助詞「は」が名詞述語文を典型とする点に基づき、用言述語と体言述語のそれぞれが如何なる連用成分を承けるとすべきかを問題とする。

連用成分とは、一般的には、述語用言を修飾する成分の総称である。(1) 形式上は、格成分の他に、形容詞・形容動詞の連用形、副詞、他助詞（副助詞、接続助詞）や連語形式によるものがある。格成分は、言うまでもなく、体言＋格助詞の形式であるが、渡辺実（一九七一）によれば、体言は素材表示のみ、助詞は関係構成機能のみを託される。

その格成分は、従来、その他の連用成分とはとくに区別される。例えば、北原保雄（一九八一）は、文の構成において、格成分を補充成分、その他を修飾成分として区別し、それらと述語との関係のあり方に結合上の違いを述べている。すなわち、述語の概念を実質概念と統括概念に分けて捉えた上で、補充成分は後続の述語と統括関係で関係し結合するとし、補充成分と関係する機能を統括機能とする一方、修飾成分は統括機能との関係はなく、統括成分（半藤注、述語）の実質概念にかかるとした（132頁〜）。修飾成分の方は、情態修飾成分、程度修飾成分、注釈修飾成分、陳述修飾成分などに分けられ、北原保雄（一九九六）では、情態修飾成分について、1、動作の過程を修飾するもの、2、動作の結果の状態を修飾するもの、3、動作の内容を修飾するもの、の三類を示している（25〜32頁）。一例ではあるが、このように連用成分と述語との関係のあり方は多様である。

但し、本章の関心は、そのような構文の内部構造そのものの検証や連用成分の内訳などではない。本章では、格成分と用言述語の関係性と、格成分と体言述語の関係性とを区別すべきであるとの立場から、如何なる連用成分が如何なる述語にかかるかを論じ、用言述語と体言述語の構文上のあり方を明確にする。

二、連用成分の内訳

連用成分については、構文論や統語論の立場から、渡辺実、北原保雄、青木伶子、仁田義雄などの細密な理論的考察がある。本章では、適宜、それらの成果を援用するが、細部の異同には拘泥せず、その論理性や優劣をはかることもしない。前章との連関から、論の多くを青木伶子に依存することになる。

青木伶子（一九九二）は、構文に直接的、不可欠的に関わっているか否かの観点から、構文の成分を直接成分と間接成分に大別した（30頁）。直接成分とは構文上の必須要素であり、間接成分とは構文的な充実をはかるための補充要素である。その上で、直接成分に当たるのが格成分であり[2]、形容詞・形容動詞の連用形、副詞といった修飾成分を間接成分であるとした。まず、この点を重視する。連用成分に直接と間接の成分を設定することは、連用成分と述語の諸関係それぞれに結び付きの濃淡があり、いわゆる動詞の格支配に程度差があることを説くものである。

前述のように、北原は統括機能との関係において格成分（＝補充成分）と修飾成分とを区別しているが、青木は「私は統括機能を、述語用言の語義的な面における概念、即ち動詞性実質概念に託されるものと見るため、統括機能との関りにおいても、その動作性実質概念の全体こそが重要なのであって、その概念の内部を実質概念と統括概念とに分つ必要はないし、次に述べるやうに（中略）、格機能との関係からも統括概念を必要としない」（65頁）とし、補充成分も修飾成分も「動作性実質概念にかかる」とした（修飾成分のうち、程度副詞については形容詞・形容動詞の情態性実質概念にかかる）。この点、本書は青木の考え方に立つ。連用成分と述語との修飾関係に機能的な差異を設定すべきとは思えないからである。そこで注視するのは、直接成分としての格成分と、間接成分としての修飾成分という違いである。

青木は「述語用言は、夫々の素材概念に応じて諸格素材概念たるべき「何か」を内在せしめてゐる」（66頁）とする。その「何か」とは、いわば諸格の発生源たる存在である。そもそも述語用言のそれぞれは、その素材概念（＝実質概念）のなかに主格素材概念と結び付くものを内在しており、他動詞性述語動詞では加えて目的格素材概念、使役性他動詞では更に加えて使役格素材概念と結び付くものを内在している。受身形動詞は、主格素材概念とともに、受身格素材概念と結び付くものを内在している。ごく単純に、その「何か」を「格」と捉えるならば、格は用言にあらかじめ設定されている[3]、ということである。

その上で、青木は「私の考へる格機能とは、或る体言的素材概念を、述語の素材概念に対して主格素材概念の資格において、或いは、目的格素材概念等の資格において関係づける職能であるが、そのために、既に述語動詞によって用意されてゐる、あるべき席——これの存在が述語動詞のもつ統括機能と直接に関るもの——へと導いてくるものである」（67頁）とする。すなわち、格成分は述語用言と結び付く潜在的な必然性がある、ということである。この点も重視するところである。

格助詞にはさまざまなものがあり[4]、青木によれば、格助詞の機能には格確認と格付与とがあり、それによっても格助詞は一律に扱えない。ここに、便宜的に、全ての格成分の機能が用言に内在する諸格素材概念たるべき「何か」、すなわち「格」に向かって働く機能であるとするとき、間接成分たる修飾成分は、用言に用意されていない素材概念、つまり「格」とは呼びにくい素材概念の部分——より厳密には、動詞では動作性実質概念、形容詞・形容動詞では情態性実質概念であり、「あるべき席」ではない部分——にかかっていくものということになる。つまり、修飾成分は、もともと格成分のように述語用言と結び付く必然性はない、ということである。

三、用言述語が承ける成分

格が用言に内在していると捉える上では、用言述語が承ける成分とは、まずは当然に格成分である。直接成分である格成分は、用言に内在する「格」へと導かれるものであり、従って、他動詞性のものか自動詞性のものかの違いにより、格成分の現れ方が定まる。但し、他動詞性のものであれ自動詞性のものであれ、動詞述語文がさまざまな格成分を取り得るのは、動詞こそ諸格成分との関わりが密接だということである。

・雨が降る。
・太郎が東を向く。
・太郎が昼食をとる。
・次郎が太郎に靴を盗ませる／盗まれる。

用言といっても、形容詞・形容動詞のような形容詞タイプの述語文には格成分のバリエーションがなく、ほぼ「が」格であることでは動詞述語文との差異があることになる。

・髪が長い。
・考え方が賢明だ。

このことは「が」格が動詞性実質概念とも形容詞タイプの情態性実質概念とも関係し得るのに対し、他の格が情態性実質概念とは関わりにくいことを表す。そのことでは「が」格の特殊性という問題や、情態性実質概念と関係する「が」格と動作性実質概念と関係する「が」格とが全く同等かというような論点を浮上させる。それは、既に論じたこともあり、[5] ここでは問わない。

用言述語が承ける成分は、格成分の他に、これも当然ながら、修飾成分である。前述のように修飾成分は間接成分であり、理論上は、用言に内在していない動作性実質概念や情態性実質概念の部分にかかる。

青木によれば、修飾成分は他動詞性・自動詞性に拘泥せず、動作性概念に関わる自由を持つ（66頁）。つまり、修飾成分は、情報的に無理がなく意味的な整合性が破綻しない限りは、さまざまな用言にかかることができ、格成分のように他動詞性・自動詞性を問題とするようなことがない。

・美しく咲く。
・元気に騒ぐ。
・しっかり（と）持つ。
・かなり遊んだ。
・とても暗い／健康だ。

用言の連用形である「美しく」「元気に」と情態副詞「しっかり（と）」は、情態修飾成分として用言述語の動作性実質概念の部分にかかり、また、程度副詞「かなり」「とても」は、程度修飾成分として「遊んだ」に認められる情態性実質概念の部分、「暗い／健康だ」が持つ情態性実質概念の部分にかかっていることになる。(6) ちなみに、案野香子（一九九三）は、体言や用言連体形に副助詞「ほど」「くらい」等の下接したものが程度修飾成分になるとしている（117〜119頁）。

四、体言述語が承ける成分

体言述語とは、体言＋助動詞による述語形式のことである。ここでは、連体修飾成分(7)は扱わず、連用成分のみを視野とする。

北原保雄（二〇〇二）では「奈良時代、「なり」はモノ的概念を有する体言に下接して統括成分を形成し、モノ的概念を有する補充成分と主格の補充＝統括の関係をするもので、その関係は強固にして緊密なものであった」（197頁）と述べる。なれば、現代語「だ・である」も統括成分を形成するということである（「らしい」「かもしれない」「にちがいない」なども同様）。これは、体言には単なる素材概念しかなく関係構成機能がないが、助動詞が付いて述語となると関係構成機能を持つようになるということである。しかし、体言述語が承ける格成分（ほぼ「が」格）は、用言述語のように、そこに内在する「何か」（＝格）に導かれていく格成分とは別のものとすべきである。

北原は、使役の「せる」のように「このように統括成分に格機能を付与する助動詞を格助動詞と呼ぶことができる」（183頁）としており、なれば、「格助動詞」という考え方から「だ」のような体言下接の助動詞が主格などの機能を付与するという考え方もあり得る。いわゆる格の分化という考え方である。

しかし、名詞述語文の「が」格を格機能から分離する考え方も既にある。例えば、淺山友貴（二〇〇四）は「格助詞は本来、動詞との関係において複数の名詞の互いの格関係を明示するために機能することが本義である。従って名詞述語文やウナギ文は、一つの項しか存在しないため、格という機能はなくてもよい。ウナギ文ではむしろ格の概念が不要であり、それを拒否するが故に「は」が使用されると説明されてきた。つまりこのような文に格機能は要求されず、主格助詞を義務的に付与しなくてもよいのに、そこに格助詞を使用するということは、格とは異なる意味を明示するために機能すると考えるほうが自然である」（100頁）と述べる。それは、注目すべき見解である。たとえ体言が体言述語になることで格が分化するとしても、その際の格成分とは、用言述語の場合のように用言が内在している「格」に向かって導かれる格成分と全く同等のものとはし得ない。上記のように、格成分は直接成分であるが、体言述語になることで生じた格の環境は、格の分化という観点からしても本来的なものではなく、必要性に応じて作り出されたものである。そのような環境下での格機能は、直接成分としての格成分と同等とは思えず、寧ろ間接成分としたい。

助詞の関係構成の観点からは「は」構文の典型は名詞述語文であり、「が」構文の典型は動詞述語文であるとし得るが、このとき、格成分を持つ名詞述語文「〜が〜だ」などは、いわゆる転位陰題文の構造にある判断文をなす。

・　彼が|犯人だ　←　「犯人は|彼だ」の転位陰題文
・　彼が|犯人らしい　←　「犯人は|彼らしい」の転位陰題文

そのような「が」を、半藤英明（二〇〇六）では通常の主格とは認めず、格成分とは異なる連用成分としての「疑似格」とした[8]。淺山の言う「格とは異なる意味を明示するために機能する」ものとは「疑似格」に相当する見方である。「疑似格」の「が」とは直接成分である筈の格成分が間接成分へと機能変化したものであり、本来ならば主格素材概念の資格で用言述語に導かれるところ、補充的な主格素材概念として体言述語の素材概念にかかっていくものである。

体言述語の承ける格成分が間接成分たる「疑似格」である、という前提で言えば、体言述語は格成分を承けないことになる。名詞述語文に見られる「が」格以外の格、すなわち「世界を|征服だ」「海辺に|宿泊だ」のような「を」「に」も「疑似格」である。従って、体言述語が承ける成分としては、格成分を承けているように見えるものは全て「疑似格」という連用成分を承けていると判断すべきものとなる。確認しておくが、ここで主張したい重要なことは、体言

述語の承ける格成分が「疑似格」であるか否かではなく、それが間接成分であることである。

体言述語は、修飾成分については承けることができる。

・美しく変身だ。
・みごとに完成だ。
・反乱分子をことごとく制圧だ。
・図書館でしっかり（と）勉強だ。
・すっかり夜明けだ。

このような実態からして、体言述語の素材概念は、既に動詞性実質概念や情態性実質概念を持ち得ていることになる。用言の連用形「美しく」「みごとに」や情態副詞としての「ことごとく」「しっかり（と）」は、情態修飾成分として体言述語の動作性実質概念にかかり、「すっかり」は、程度修飾成分として体言述語の情態性実質概念にかかっている、と見ることができる。用言述語の場合と同様に、間接成分である修飾成分は、意味的な不整合、非合理性がない限り、体言述語にかかることができるのである。

五、まとめ

本章では、構文論的考察を手がかりに連用成分の内訳に言及しつつ、用言述語と体言述語のそれぞれが如何なる成分を承けるかということを検討した。

連用成分のうち、格成分を直接成分、修飾成分を間接成分とする上では、結論として、用言述語は直接成分の格成分、間接成分の修飾成分を承けるが、体言述語は間接成分としての連用成分（「疑似格」）と修飾成分とを承け、直接成分は承けないとすべきである。このことは、動詞によって必要な格が定まるという、いわゆる動詞の格支配を認める一方、体言述語による格支配は認め難いとする立場である。

なお、厳密な意味での格成分とは、主格・目的格・使役格・受身格と、せいぜい目標格であるとする考え方がある（青木73頁）。その立場であれば、本章のように、それらの格とそれ以外とを一括して格成分として論ずることには課題が残る。(9) 一つの可能性としては、主格、目的格、使役格、受身格、目標格以外の格成分を間接成分とすることが考えられるが、仮にそうしたとしても、本章の根幹は変わらない。

注

（1）渡辺実（一九七一）は、格成分、用言の連用形、副詞などを一括して「連用成分」として「統叙成分を修飾限定する成分」とする（154頁〜）。

（2）青木は、格成分には連用帰属成分と連用付加成分とがあるとし、厳密な格成分は前者である、としている。このことは、格助詞のあり方を考える上で重要であるが、本書の論点とはしない。また、仁田義雄（一九九三）は「動詞が、文を生成するにあたって、自らの表す動き・状態・関係を実現・完成するために必須的・選択的に要求する成分」として「共演成分」を、また「動詞の表す動き・状態・関係の実現・完成にとって、非必須・付加的な成分」として「付加成分」を設定しているが、その中身・詳細は、青木の直接成分・間接成分とは必ずしも一致しない。

（3）動詞の格支配の考え方に通ずる。仁田義雄（一九九三）では「動詞は主要素であり、他の成分は動詞に従属・依存している」（3頁）とする。
（4）山口明穂（二〇〇二）は「が・を・の」を「語句の関係のみを表すかと思われる」もの、「に・へ・から・で・と」を「語に何らかの意味のある」ものとする。注（2）とも関わる事柄である。
（5）半藤英明（二〇〇六）・第十六章、第十七章。本書・第二章でも取り上げた。
（6）青木は、他に「限定修飾成分」を指摘する。ただ、これが本章の論述を左右するものではないため、煩雑を避ける意味で取り上げない。
（7）連体修飾成分が「体言述語」ではなく「体言」の素材概念（＝体言的素材概念）にかかることは言うまでもない。
（8）第十七章。格の機能変化という点では、メカニズムは異なるが、格助詞から接続助詞への変化がある。例えば、北原保雄（二〇〇一）は、格助詞の上接語に注目して「「が」に上接するものが体言から文相当の単位に拡大し、それの有する概念がモノ的概念からコト的概念へ、さらには叙述的概念へと拡大する過程の中で、コト的概念までは格機能を付与することができたが（格助詞の用法）、叙述的概念には格機能を付与することができず、あまく緩やかな関係構成の機能を付与するだけになった（接続助詞の成立）ということである」（186頁）と述べている。そのように構文に適応する形での格機能の変化があるならば、通常の格から「疑似格」へといった機能変化は容認されるだろう。
（9）仁田義雄（一九九三）でも、格成分たる「共演成分」を必須度の高低により「主要共演成分」と「副次的共演成分」とに分けるが、両者は「連続する部分もあり、また、副次的共演成分と非共演成分との間にも連続するところがある」としている（12頁）。

参考文献

青木伶子（一九九二）『現代語助詞「は」の構文論的研究』笠間書院
淺山友貴（二〇〇四）『現代日本語における「は」と「が」の意味と機能』第一書房
案野香子（一九九三）「副助詞と文の成分」『語文論叢』（千葉大学）21号
北原保雄（一九八一）『日本語助動詞の研究』大修館書店

――――（一九九六）『表現文法の方法』大修館書店
――――（二〇〇一）「格機能の弛緩」『日本語史研究の課題』武蔵野書院
仁田義雄（一九九三）「日本語の格を求めて」『日本語の格をめぐって』くろしお出版
半藤英明（二〇〇六）『日本語助詞の文法』新典社
山口明穂（二〇〇二）「格助詞の機能」『紀要　文学科』（中央大学）第89号
渡辺　実（一九七一）『国語構文論』塙書房

第四章　現象文の諸相

一、現象文の実際

文の本質が「実在」たるモノと「属性」としての動作・状態・性質・実体などとの関係性を示すものであるとき、実在と動作の関係は動詞述語文、実在と状態・性質の関係は形容詞述語文か形容動詞述語文、実在の実体を述べるならば名詞述語文となる。文の多くが実態として判断文であるなか、現象文となり得る典型は「は」を用いず、基本的にモダリティ形式を持たない動詞述語文、形容詞述語文と、客観性の高い形容動詞述語文である。

・鳥が飛ぶ。
・花が白い。
・庭が広大だ。

実際の発話において現象文が使用される場面は少ないと考えられるが、文の表現が敢えて現象描写を目指す上では、現象文がメインの文体となる。本章では、現象文というものが如何なる具体的な表現として叙述されるのかを、その文体が「写生文」であるとされる夏目漱石の小説『草枕』によって確認する。なお、本章の『草枕』『二百十日』の引用文は、表記上の読み易さを考慮して新潮文庫（改版）を用いるが、ルビは適宜省略する。『文学論』は岩波文庫（上・下）に拠り、いずれも新漢字を使用する。

二、『草枕』とは

『草枕』は、明治三十九年（一九〇六）、『新小説』九月号に掲載された。漱石のロンドン留学前の、第五高等学校教師時代の体験に基づき、留学後に英語教師の傍ら『吾輩は猫である』『坊っちゃん』などとともに連続的に発表された小説群のなかの一つである。かつては、中学校、高等学校の教科書に採られていたこともある。

『草枕』の文学的評価については研究者の蓄積に譲るが、[1]古田亮（二〇一四）では「小説というよりも漱石の芸術論そのものというように相応しい。」（40頁）と見ている。主人公の画工を通して常態的に語られる芸術にかかる思考、すなわち、芸術論によって読みにくい部分はある。東洋・西洋の詩や画を中心として縦横無尽に語られる芸術論が作品の全体にわたり散りばめられ、登場人物たちの出来事的で事態的な世界はしばしば寸断される。画工の問わず語りである芸術論を解せないと、語りの場から排除されかねない。その一方で、女主人公「那美」の正体をたどりゆく謎解きの部分は、十分に物語的であり、面白味もある。

漱石は「余が『草枕』」(『文章世界』明治三十九年十一月)において『草枕』が「俳句的小説」として成立していることを述べている。「美を生命とする」という俳句的小説の意味は、文字通りにごく単純に解せば、当時の俳句の世界観を小説として実現したものである。『草枕』が語るのは、俳句的に切り取られた自然と余韻余情の世界である。漱石自身による「唯一種の感じ――美しい感じが読者の頭に残りさへすればよい。」「さればこそ、プロットも無ければ、事件の発展もない。」(13頁)の言葉は、そのことを反映している。しかし、そのような世界とは異質の、批評精神に満ちた芸術論、および「那美」の物語が『草枕』の作品構造を複雑にしている。

三、『草枕』の作品構造

『草枕』には、次掲のような自然描写がしばしば見られる。このような自然描写が「俳句的小説」たることを象徴するものであることは間違いない。

○　しばらくは路が平で、右は雑木山、左は菜の花の見つづけである。足の下に時々蒲公英を踏みつける。鋸の様な葉が遠慮なく四方へのして真中に黄色な珠を擁護している。菜の花に気を取られて、踏みつけたあとで、気の毒な事をしたと、振り向いて見ると、黄色な珠は依然として鋸のなかに鎮座している。(10頁)

○　鏡が池へ来て見る。観音寺の裏道の、杉の間から谷へ降りて、向うの山へ登らぬうちに、路は二股に岐れて、おのずから鏡が池の周囲となる。池の縁には熊笹が多い。ある所は、左右から生い重なって、殆んど音を立て

ずには通れない。（124頁）

但し、俳句ならば自然描写で完結し得ても、自然描写のみの小説というものは考えられず、そこに画工を介した芸術論が加わることになる。それは、俳句ならば俳論に相当するものであり、それらトータルにおいて「俳句的」なのである。『草枕』の芸術論は「俳句的小説」の中心的イメージとなる自然描写を補完するものであり、その一部である。

一方「那美」の正体が次第に明かされてゆく物語上のプロセスは「俳句的小説」たり得る要素であろうか。人間世界の情感、すなわち、人情を喚起するストーリーは「俳句的小説」の意味とは馴染みにくいところである。北川扶生子（二〇一二）は「画工の嫌う「小説」的、探偵的要素があることも否定できない」（113頁）と見ているが、「那美」の物語が「俳句的小説」の一部であるとすれば、それは漱石の創作態度に重ねて読む必要がある。

明治四十年の『文学論』は、ロンドン留学の果実であり、英語教師としての講義の集成である。そこに漱石の創作態度として「文芸上の真」が語られている。

○　而して文芸上の真とは描写せられたる事物の感が真ならざるを得ざるが如く直接に喚起さるる場合をいふに過ぎず。（上339頁）

○　文芸の作家は文芸上の真をその第一義とすべく、場合によりてはこの文芸上の真に達し得んがために甘じて科学上の真を犠牲とするも不可なきにちかし。（上340頁）

更に「「文芸上の真」なるものの効力は作物《さくぶつ》が読者の情緒を動かすにあることは既に説けるが如し。」（下14頁）ともある。これらを漱石の創作態度と評価する限り、大方の論のように『草枕』の主題が「非人情」の体現であったとしても、「那美」の物語は「文芸上の真」に基づく「人情」の世界と読める。『草枕』の主眼を自然描写に通底する那美の「美」そのものに置くだけでは『文学論』が唱えるところの、文学の効力としての着点が曖昧となる。たとえ「俳句的小説」であっても、「小説」である以上は、文芸上の企みが存在したとすべきである。

「那美」の物語に応じて読者の情感は確実に動くであろう。「文芸上の真」により読者の情感を動かすという主張からすると、漱石の『草枕』評はレトリックとさえ思える。亀井秀雄（二〇一三）が『草枕』は画工《えかき》を自称する語り手「余」の、非人情なる芸術的境地に関する、饒舌な言説を前面に押し出した物語である。」（418頁）と述べているように「俳句的小説」である『草枕』にも物語性が存在する。『草枕』の物語性を「那美」の物語であると見れば、『草枕』の作品構造は、自然描写、芸術論、そして「那美」の物語という三面からなる。

四、『草枕』の写生文

「俳句的小説」の実現に重要な文章が「写生文」である。石原千秋（二〇〇四）によれば、『吾輩は猫である』の発表当時、「漱石は子規の「写生」の精神を受け継ぎつつ、写生文を、「美文」の対抗ジャンルとしてではなく、自然主義的なリアリズム「小説」の対抗ジャンルとして作り変えようとしていた」（94頁）のであり、『草枕』は先に述べたような写生文としての条件も備えていた。その意味でも、『草枕』はこの時期の漱石の、「小説」に対する実験の到達点を示している。」（114頁）とされる。写生文に関する論考は数多く存在するが、本章では、漱石自身の捉え方を重視しつつ、その実態を問題とする。

漱石の言葉として写生文を語ったもののなかに、「若し小説を離れて写生文となると面白味はエキステンションに在る、平面的の興味云わば空間的《スペイシアル》の特質がある。」「写生文をパノラマとすれば小説は活動写真——といふやうなのではありませんかね。」（「文学雑話」『早稲田文学』明治四十一年十月、27頁）というものがある。「写生文」の描くものと「小説」の描くものとが明確に区別されているが、恐らくは、この二面性を実現したものが『草枕』である。

漱石と親交のあった正岡子規、および、高浜虚子らは、俳句の世界観として実際の有りのままを写し取る客観写生を是とした。その方法を踏まえた漱石が写生文としての『吾輩は猫である』を書き、その延長上に『草枕』を書いたと、石原は推定している。

写生文は、野村剛史（二〇一三）によれば、『浮雲』型近代小説の中の視点的情景描写だけを取り出したような文章なのである。」（327頁）が、それは「俳句的小説」が含むものと繋がる。「俳句的小説」とは、客観写生の俳句を作るように写生文で小説を書くことであると理解し得るが、それは単に写生文で小説を書くということを意味しないだろう。『吾輩は猫である』が写生文であって小説ではないとは考えられず、これも写生文によって書かれた小説であると言わざるを得ない。しかし、少なくとも「俳句的小説」ではないのであるから、『草枕』には『吾輩は猫である』には見られない写生文の世界が存在することになる。漱石の「写生文」と「小説」との区別は『草枕』に存分に盛り込まれたと見るべきである。

『草枕』の文体（具体的には後述）は、次いで発表された『二百十日』でも同様に見られ、熊本を舞台とした二つの作品には共通した文体へのこだわりが見られる。ただ、全編がほぼ会話文による問答からなる『二百十日』では、写生文であろうとする態度は鮮明であるが、『草枕』のような自然描写には乏しく、全体として「俳句的小説」としての意識はない。両者を比べる限り、『草枕』が「俳句的小説」であるのは、作品における自然描写の中心性、および、分量によるところが大きい。この点については、次章で取り上げる。

『草枕』『二百十日』の主たる文体は写生文であり、とくに『草枕』にあっては「俳句的小説」を実現するためのものである。『二百十日』の直後に発表された『野分』は「現代の青年に告ぐ」という主張を小説にしたもの(2)であり、それらと近似的な文体であるが、『草枕』『二百十日』ほどには写生文へのこだわりが見えず、次章でも述べるように、それ以後は変質していくから、『草枕』『二百十日』の文体は、漱石の小説のなかで一定の個性的様相を見せている。

五、『草枕』の文体

『草枕』の文体については数多くの研究成果があるが、北川扶生子（二〇一二）では「複数の文学ジャンルにわたる文体が、互いに溶け合うことなく、並置されている「草枕」の特色は、いまだ十分に解明されているとは言い難い。」（112頁）と述べている。私見によれば、複数の文学ジャンルにわたっているのは寧ろ内容面であり、文体については一貫したものがあると見る。

『草枕』の作品構造を、自然描写、芸術論、「那美」の物語と三面から捉えたとき、それらの異なる文章世界を繋ぎつつ、作品を調和的にしているのが文体である。寺田透（一九七七）は「作品の端から端まで、べた一面に現在の観念、現在の映像が占めている。」とし、『草枕』の文体が現在形的性格の叙法であり、「周到に現在形叙法の不断の持続をはかった」と述べている（84頁）。そのことは、まず、前掲のような自然描写の例で確認できるだろう（それらのいずれが現象文であるのかは、ここでは問わない）。『草枕』の文章が基本的に現在形であることは『草枕』の文体の特徴を形作る。芸術論の部分についても挙げてみる。

○　怖いものも只怖いものそのままの姿と見れば詩になる。凄い事も、己れを離れて、只単独に凄いのだと思えば画になる。失恋が芸術の題目となるのも全くその通りである。失恋の苦しみを忘れて、そのやさしい所やら、同情の宿る所やら、憂のこもる所やら、一歩進めて云えば失恋の苦しみその物の溢る所やらを、単に客観《かっかん》的に眼前に思い浮べるから文学美術の材料になる。（36頁）

○　普通の画は感じはなくても物さえあれば出来る。第二の画は物と感じと両立すれば出来る。第三に至っては存するものは只心持ちだけであるから、画にするには是非ともこの心持ちに恰好なる対象を択ばなければならん。（80頁）

評論的な文章は、論述の過程に経験的、また、回想的なものを含んだにしても、時制的には発話時における現在の述べ方となる。従って、芸術論の部分では、敬体・常体を問わず、現在形が頻出する。「那美」の物語は、出来事的で事態的な世界であり、しかも、文末「た」形が現れる。

○　浴衣のまま、風呂場へ下りて、五分ばかり偶然と湯壺のなかで顔を浮かしていた。洗う気にも、出る気にもならない。第一昨夕《ゆうべ》はどうしてあんな心持ちになったのだろう。昼と夜を界《さかい》にこう天地が、でんぐり返るの

は妙だ。　（41頁）

○余は那美さんの姿を見た時、すぐ今朝の短刀を連想した。もしや懐に呑んでおりはせぬかと思ったら、さすが非人情の余もただ、ひやりとした。

男女は向き合うたまま、しばらくは、同じ態度で立っている。動く景色は見えぬ。口は動かしているかも知れんが、言葉はまるで聞えぬ。　（161頁）

このような「た」形は、現在形との時制的な区別をはかるためのものではなく、寺田は「現在の感想をさそうため」のものであり「現在のうちに吸収され消失してしまう。」もの、或いは「現在に直接する過去で、たった今し方のこと、まだ現在の匂いを失わない過去を語る。」ものと述べる（83頁）。形式的には過去形でも、実質的には現在の述べ方をしているということである。そのことを以て、寺田は『草枕』を現在形的性格の叙法とする。

寺田の言う現在形的性格の叙法とは、『草枕』の文章が総じて現状を「解説」するものであり、それは、結果として広義「写生文」を意識したものでもあると考えられる。自然描写が写生文であるのは理解されるも「解説」というのは違和感があるかも知れないが、自然描写とは眼前の情景を実況中継として解説するものである。『草枕』に頻出する会話による問答も実は実況中継である。それらも写生文の意味に十分適う。

○「それで面白いんですか」
「それが面白いんです」

「何故？」

「何故って、小説なんか、そうして読む方が面白いです」　（112頁）

このような実況中継は、客観写生の一環であり、写生文の類型と見ることができる。これが『二百十日』ではメインの文体となった。

○「すると僕なんぞも、今に、とおふい、油揚、がんもどきと怒鳴って、あるかなくっちゃならないかね」
「華族でもない癖に」
「まだ華族にはならないが、金は大分あるよ」
「あってもその位じゃ駄目だ」　（25頁）

また「那美」の物語のような出来事的で事態的な世界は、客観・主観の内容を含むも当然に「解説」の範疇である。そこにも写生文の類型が多数見られる。相原和邦（一九八〇）は『草枕』が「多種の文体を包摂している。」としつつ「人物にしても自然にしても、その特徴をとらえて鮮やかな意味づけを加えていくのが『草枕』である。」（130〜131頁）としている。『草枕』は、自然描写、芸術論、「那美」の物語というように異なる文章世界を現在の視点で解説的に語ることにより「活動写真」としての流れを作り出していると見ることができ、その表出方法に写生文の実態、および、類型がある。

六、現象文と判断文

前述の広義「写生文」の実態は、実に多様である。以下では、具体的に写生文の類型を検証し、現象文との関わりを論ずる。そこで、今一度、現象文と判断文について触れる。

本書で述べている通り、文は多方面からの類型化が可能であるが、内容的な客観性・主観性の観点からは、二項対立的な区別として現象文と判断文とに分けられる。現象文は、具体的な現象をそのまま直観的に描写したものである。それは漱石の『文学論』で説かれる「写実法」を端的にする文のスタイルである。[3] これが狭義「写生文」である。一方、判断文は、発話者の主観的判断を表明するものである。但し、判断文の主観性には強弱の幅が考えられ、現象文と判断文とは不連続ではないと考えられる。繰り返しになるが、仁田義雄（一九九一）は、文の構造を階層的モダリティ論として示し、助動詞類の承接順に基づき、文に対して叙述内容（＝命題）としての事態、ヴォイス（＝態）、アスペクト（＝相）、みとめ方、テンス（＝時制）と、モダリティ（＝発話態度）とからなる各階層を設定した。全ての文にはモダリティがあるとされ、現象文・判断文は、モダリティ範疇の「述べ立て」の文の類型に置かれる。[4] 現象文・判断文は『草枕』の写生文の実態を捉える上で有効な区別である。

文は、基本的に、発話者の認識を述べるものであり、その述べ方に応じて類型化が起こる。現象文・判断文の区別は、発話者の認識を述べる際、如何なる事態を如何に述べるかという文の類型化の産物である。その観点では、実際のコミュニケーション上、現象文が現れることは多くないと考えられ、判断文には命令、勧誘、意志、希望・願望など、多種多様な文の類型が含まれる。[5] ほとんどの文の類型を判断文と認定し得るなかで、主観的判断を認めにくい現象文の形態、および、実態が注目される。発話者の認識である文には、発話者の主観性が反映されやすいが、そのなかで、極めて客観的な内容を築くことができる文の存在は重要である。

七、現象文の形態

狭義「写生文」となる現象文は、可能な限り、主観性を排除する文の類型であるから、本章の冒頭で述べたように、典型的には、内容的に事態をほぼ客観的に認識し、外形的には格による構文で「は」を伴わず、更に、述語にモダリティとなる助動詞、すなわち、判断のマークを伴わず、述語用言を時制的に現在形で表現するものである。通常、現象文の基本的な形式は、ものごとを動的、または、静的に表現する「が」構文である。なお、現象描写であっても時制的に過去形のものは、結果的な事態であり、回想的でもある。眼前描写でないという点において現在形のものとの直接的な対照が適わぬが、客観的な認識の描写である上では、現象文と見ることができる（前述のように『草枕』の「た」形は現在形に類する）。

題目の有無の観点から、述語との連用関係が格関係のみのものを無題文（格述構文とも）と呼び、題目提示の係助詞「は」による構文を有題文（題述構文とも）と呼ぶが、「は」は、前項と後項とを題目―解説の構造で結ぶ働きがあり、その結果として、必ず判断文を作る。すなわち、現象文には「は」が現れない。以下は『草枕』の文章中の現象文である。

・庫裏の前に大きな木蓮がある。（141頁）

・襖をあけて、椽側へ出ると、向う二階の障子に身を倚《も》たして、那美さんが立っていた。（153頁）

このように視覚的な描写でなくとも、次のような聴覚的な描写は、客観的な認識の描写であり、現象文である。

・やがて、廊下に足音がして、段々下から誰か上ってくる。（48頁）

・忽ち足の下で雲雀の声がし出した。（8頁）

この二例では、時の成分「やがて」「忽ち」が厳密な意味で客観的な表現とは認め難いが、発話者の主観的意図を強くするものでもないことから、現象文の典型を崩すものではないと見做す。すなわち、格成分以外の連用修飾成分では発話者の主観性を表現する度合が高くなるが、それにより文全体が主観的であるということにはならない。次例のように修飾語として発話者の主観的判断が含まれたものでも、全体として客観的な認識を表現する場合は、現象文と見る。

・五六足の草鞋が淋しそうに庇から吊るされて、屈托気にふらりふらりと揺れる。下に駄菓子の箱が三つばかり並んで、そばに五厘銭と文久銭が散らばっている。（18頁）

・やがて長閑な馬子唄が、春に更けた空山一路の夢を破る。（23頁）

上記の範囲を現象文と見て『草枕』を眺めると、自然描写の多い『草枕』には現象文が多く現れる。現象文は、自然描写に格好の文の類型である。自然描写の現象文は「俳句的小説」の意味に最も適う写生文である。『草枕』の場合、小説としての写生文は、現象文に、よく反映されている。

しかし、芸術論の部分は評論的であるので、通常、現象文は現れず、ほぼ判断文となる。具体例は省略するが、論述の過程では次のような文も現れる。

・　然しそこに反って幸福がある。（79頁）

これは外形的に現象文であるが、画工の意識下で展開する芸術論のなかの一文である。文章として主観的な認識を連ねている件であるので、仮に写生文と判断できるにしても、典型的な現象文とはし得ない。眼前描写たる現象ではなく意識の解説であり、実質的に判断文の領域にある。このように現象文・判断文の区別は、形態のみでは判断できず、内容的な分析が必要となる。芸術論の部分は、概ね、現在的な視点の判断文で書かれていると分析できる。従って、芸術論の文章は、ほぼ写生文としての性格を持たない。ただ、前述のように、この部分が自然描写の補完的要素であることでは、たとえ写生文としての一貫性を損ねるも、『草枕』の「俳句的小説」としての成立を妨げるものではない。

「那美」の物語では、現象文も判断文も現れる。ものごとの推移を文章として連続的に表現していく上には、どちらの類型も必要であり、物語の文章が両者を織り交ぜて表現されることは常識的である。ただ、ここでも現象文の表出が圧倒的に多いことに注目したい。次掲は、写生文たる現象文である。

・見返えると、大きな丸い影と、小さな丸い影が、石甃《いしだたみ》の上に落ちて、前後して庫裏の方に消えて行く。（150頁）

・夜になると、しきりに銃の音がする。（153頁）

概して『草枕』には、全体として写生文の類型、すなわち、現象文、および、客観性を強くする文が目立つ。加えて、芸術論の部分では判断文が連なるという文章である。しかも、それぞれの文は互いに混在せず、文章的なまとまり（小段落）をなして構成される特徴がある。

八、現象文的な判断文

『草枕』の文章には、写生文の類型として、現象文の形式ではない「は」構文を取りつつも、客観的な現象描写に当たる表現の文が多く見られる。

・婆さんは袖無しの上から、襷をかけて、竈《へっつい》の前へうずくまる。（20頁）

・会話はちょっと途切れる。（23頁）

・高さは庫裏の屋根を抜いている。（141頁）

・見上げると頭の上は枝である。（同）

・女の左り手には九寸五分の白鞘《しらさや》がある。（153頁）

・姿は忽ち障子の影に隠れた。（同）

・山では鶯が啼く。（161頁）

・女は颯と体を開いて、海の方へ向き直る。（同）

・男は昂然として、行きかかる。女は二歩《ふたあし》ばかり、男の踵を縫うて進む。（同）

・窓は一つ一つ、余等《われわれ》の前を通る。（178頁）

・そのとき、那美さんと野武士は思わず顔を見合せた。（同）

・鉄車はごとりごとりと運転する。（同）

・野武士の顔はすぐ消えた。（同）

いずれも「は」構文であり、「は」構文は判断文となる。しかし、これらは、内容的に、客観的な事態の表現である。現象描写を、そのままの現象としてではなく（つまり、現象文の形式を用いず）、発話者の認識として解説的に述べた形である。「は」構文による現象描写は、判断文としての形態となるので、事態の描写において現象文の場合よりも発話者の存在がより意識され、解説的な度合の高い現象描写の表現となる。現象文と判断文とは不連続ではないと前述したが、これらの文は、判断文としては客観的な事態で内容的に客観性が高く、いわば、現象文的な判断文である。

このように「は」構文ながら客観的な事態を表現する文を、現象文と交互に連続させる文章が『草枕』には多く見られる。

○　余は立ち上がって、草の中から、手頃の石を二つ拾って来る。功徳になると思ったから、眼の先へ、一つ抛り込んでやる。ぶくぶくと泡が二つ浮いて、すぐ消えた。すぐ消えた、すぐ消えたと、余は心のうちで繰り返す。すかして見ると、三茎程の長い髪が、慵《ものうげ》に揺れかかっている。見付かってはと云わぬばかりに、濁った水が底の方から隠しに来る。（126頁）

○　車掌が、ぴしゃりぴしゃりと戸を閉てながら、此方へ走ってくる。一つ閉てる毎に、行く人と、送る人の距離は益《ますます》遠くなる。やがて久一さんの車室の戸もぴしゃりとしまった。世界はもう二つに為った。老人は思わず窓側《まどぎわ》へ寄る。青年は窓から首を出す。「あぶない。出ますよ」と云う声の下から、未練のない鉄車の音がごっとりごっとりと銚子を取って動き出す。（178頁）

『二百十日』にも、しばしば同様の文章が見られる。

○　手拭の運動につれて、圭さんの太い眉がくしゃりと寄って来る。鼻の穴が三角形に膨張して、小鼻が勃として左右に展開する。口は腹を切る時の様に堅く喰締ったまま、両耳の方まで割けてくる。（26頁）

石神照雄（二〇一〇）は、体言と用言からなる文に「が」による物語り文と「は」による品定め文の区別を述べている。「解説」という観点からは、物語り文とは実況中継による客観性の高い解説であり、品定め文は主観的な解説に相当する。しかし、上記の文章では特段の区別が実感し得ない。いずれも眼前描写として一連の写生文に読める。

このような文章は「は」構文と「が」構文の違いに基づく判断文と現象文との落差が見られず、「は」が文法的な働きを薄くして「が」の連続による単調さを排除するためのアクセントになっていると考えられる。

客観写生の俳句を作るように小説を書くという営みは、『草枕』の場合には、現象文類（現象文、および、現象文的な文）の連続により事態の推移を描写するというものである。自然描写の表現に限らず、客観描写を多用して文章上の解釈を徹底して読者に委ねる。これが『草枕』の写生文の実態である。個々の文体として見れば、漱石は「見ているように書く」ことで、写生文として多様な類型を示した。そのことを通じて「俳句的小説」としての『草枕』も実現を見たと言い得る。

九、まとめ

『草枕』の文章は、総じて写生文の色合いを強く出している。古郡康人（二〇〇一）は「「草枕」が那美という一つの対象をめぐる画工の認識の物語であってみれば、画工の認識のあり方という「実質」に形を与える語り手としての「技術」が写生文であったことになる。」（41頁）と総括している。写生文の「技術」とは、具体的には、現象文類による眼前の客観描写表現の多様な類型を指す。その意味において、漱石の語る「俳句的小説」とは、直接話法の会話文体をも含め、現象文類を主たる文体とした物語性のある小説の成立を意味することになる。

上述のごとく、現象文は、形式面だけでは捉えきれない対象であるということになり、典型的な形式に加え、現象文類として幅広い類型が存在する。つまり、現象文と判断文の二項対立は、表現上の客観性と主観性の間のグラデーションのなかに多様な文の類型が存在することを踏まえたものでなくてはならないのである。

注

（１）赤井恵子（一九八三）の研究史がある。
（２）高浜虚子への書簡（明治三十九年十月十七日）から窺われる。
（３）『文学論』に「写実法はその自然の言語なるが故に――、尤も意を経ざる表現なるが故に、――造次顛沛の科白なるが故に――技巧として尤も拙なるものなり。」（下159～160頁）とある。
（４）仁田義雄（一九九一）では、それぞれ現象描写文、判定（判断判定）文と呼ぶ。
（５）疑問文については、本書・第十一章において「未判定文」、もしくは、「未判定判断文」として後述する。

参考文献

相原　和邦（一九八〇）「漱石作品の文体を分析する」『国文学　解釈と教材の研究』第25巻第10号
赤井　恵子（一九八三）「「草枕」研究史概観」『方位』（熊本近代文学研究会）第6号
石神　照雄（二〇一〇）「物語り文と品定め文」『人文科学論集〈文化コミュニケーション学科編〉』（信州大学）第44号
石原　千秋（二〇〇四）『漱石と三人の読者』講談社現代新書
亀井　秀雄（二〇一三）『主体と文体の歴史』ひつじ書房
北川扶生子（二〇一二）『漱石の文法』水声社
寺田　　透（一九七七）「『草枕』の文章」『文芸読本　夏目漱石Ⅱ』河出書房新社
仁田　義雄（一九九一）『日本語のモダリティと人称』ひつじ書房
野村　剛史（二〇一三）『日本語スタンダードの歴史　ミヤコ言葉から言文一致まで』岩波書店
古郡　康人（二〇〇一）「夏目漱石「草枕」について」『静岡英和女学院短期大学紀要』第33号
古田　　亮（二〇一四）『特講　漱石の美術世界』岩波現代全書

第五章　現象文としての「写生文」

一、現象文の再考

前章では、現象文というものが、典型的なものからほぼ同じ性質の多様な類型までと、幅広く捉えられるものであることを、漱石の写生文を手がかりに述べた。写生文のあり方は、文法上の形式的な分析の範疇を超え、文意の客観性という観点から、かなり柔軟に捉えるべきものである。そのことは、現象文の実態もまた、多様なものとして認めなければならないことに通じている。

本章は、前章の足らざるを補うものとして、現象文のあり方について考察を続ける。とくに、写生文のあり方が現象文と相関することから、本章でも写生文を検証する。また、判断文の実態についても触れる。前章とは論述として重複するところがあるが、あらためて現象文を論述する上で、やむを得ないものである。

二、『草枕』『二百十日』の位置づけ

夏目漱石の写生文について振り返りたい。『草枕』『二百十日』『野分』からの引用文は、前章と同じく新潮文庫（改版）を用い、『三四郎』『文学論』は岩波文庫に拠る。いずれもルビを省略し、新漢字を使用するほか、『草枕』『二百十日』の頁数は（草　頁）（二　頁）で区別する。

明治三十八年（一九〇五）一月、漱石は英文学の教師の傍ら、『吾輩は猫である』を俳句雑誌『ホトトギス』に発表した。その前後には学者として数々の評論を書き、ロンドン留学で着想した『倫敦塔』（『帝国文学』）、『カーライル博物館』（『学燈』）などの小品も発表していた。明治三十九年（一九〇六）四月に『坊っちゃん（坊っちゃん）』（『ホトトギス』）を発表すると、九月には『草枕』（『新小説』）を、十月には『二百十日』（『中央公論』）を発表し、この間の火のついたような創作活動を経て、翌年二月には朝日新聞社からの招聘を受け、四月に入社した。

作家となった漱石は、常態的に作品を書き上げ、発表することで、継続的な思想遍歴と自己主張をはかっていた。思想家の吉本隆明（二〇〇八）は「漱石でまず驚くのは、初めの『吾輩は猫である』から最後の『明暗』の途中で亡くなるまで、一度も停滞していないことだ。たるみの時期がない。」（15頁）と評価する。一方で、生前時の文壇では漱石の小説は自然主義者の小説に比して評価の高いものではなかった。(1)初期の小説について言えば、時間軸のなかで主人公が経験値を挙げていくという比較的単純なストーリーや、学識的な知見の披瀝、人情の起伏を欠く物語のあり方などが大衆的な評価に適うものでなかったと推察できる。

近代の文芸は、内容的にも文体的にも試行錯誤を重ねた。文体で言えば、田口久美子（二〇一五）に「二一人称代名

詞＋ハ」の主語は、近代の口語文体において出現した、話し手による自己語りの表現と考えられる」（59頁）とあるが、近代の小説文体の確立までにはそれなりの模索があったと見られる。そのなかで、石原千秋（二〇〇四）は『吾輩は猫である』の発表当時に「漱石は子規の「写生」の精神を受け継ぎつつ、写生文を、「美文」の対抗ジャンルとしてではなく、自然主義的なリアリズム「小説」の対抗ジャンルとして作り変えようとしていた」（94頁）、『草枕』は先に述べたような写生文としての条件も備えていた。その意味でも、『草枕』はこの時期の漱石の、「小説」に対する実験の到達点を示している。」（114頁）と述べている。小説としての写生文の確立を如何なるものと見るかは専門の研究者の見立てに委ねるが、漱石自身が「俳句的小説」と呼んだ『草枕』、および、全編がほぼ会話文の『二百十日』は、漱石の他の作品と比べても文体が個性的であり、そこからは小説文体「写生文」の試行のあとが見て取れる。その内実を語学的、すなわち、文法的な観点から説くならば、『草枕』『二百十日』は、前章で述べたように、ほぼ現在形の語りで過去形を取らない写生文としての、現象文や現象文類による、さまざまな文の類型の集まりとして見ることができる。

三、写生文の輪郭

明治四十年（一九〇七）五月の『文学論』（大倉書店）は、英文学の教師としての講義の集成である。言語形式論的な学問書である『文学論』には「文芸上の真」の必要性が語られており、「真を伝ふる手段」の一つとして「写実法」が挙げられる。小説を書く方法として、漱石に「写実法」が意識されていたことは間違いない。「写実法はその自然の言語なるが故に――、尤も意を経ざる表現なるが故に、――造次顚沛の科白なるが故に――技巧として尤も拙なるものなり。」（下159〜160頁）とあるからには、漱石の考える小説としての写生文は、この「写実法」を原初的な基本形式として構築されていると考えられる。写生文に関する研究や論考は多く存在するが、ほぼ文学的立場からの考察であり、前章・本章のように語学的成果も活用する必要があると考える。

まずは、漱石の言葉たる「若し小説を離れて写生文となると面白味はエキステンシヨンに在る、平面的の興味云わば空間的《スペイシアル》の特質がある。」、および、「写生文をパノラマとすれば小説は活動写真——といふやうなのではありませんかね。」（「文学雑話」『早稲田文学』、明治四十一年十月、27頁）というところに着目する。漱石が「写生文」と「小説」それぞれの効果を並行的に述べている点は、それらを総合した写生文による小説を考える上で、重要である。

写生文の面白味が「エキステンシヨン」（広がり）にあり、そこに存在する事物にあると考えるならば、上記のように写生文は「パノラマ」（風景）を描くことであるが、しかし、小説ならばパノラマに存在する事物を「活動写真」として描かねばならない。漱石は「写生文」と「小説」とを対照しているが、文体としての「写生文」と作品としての「小説」は対立的な概念でなく、寧ろ効果を違えた「写生文」と「小説」の総合の上に小説文体としての写生文の創出があると考えなくてはならない。その文体は単なる「写実法」のみに依存する筈のものではない。写生文は、漱石と親交のあった正岡子規、および、高浜虚子ら俳人たちが是とした客観写生の表現に通ずるが、俳句の写生と小説の写生文とは自ずと異なるものである。俳句としてではなく、小説としての写生文というものを作り上げるところに漱石の試行があったと考えられる。

四、『草枕』『二百十日』の描くもの

『草枕』『二百十日』は、九州熊本時代の体験に基づく小説である。ともに第五高等学校教師時代の体験から着想し、旅をモチーフとする。熊本を旅の起点として、片や「那古井の温泉」（小天温泉）を主なる舞台とし、片や「阿蘇山」までの道行を語りながら、パノラマの中で登場人物のありさまを捉えており、それは十分に「活動写真」、すなわち、小説である。

『草枕』については、漱石自身が「俳句的小説」であることを述べており、それは「唯一種の感じ――美しい感じが読者の頭に残りさへすればよい。」や「さればこそ、プロツトも無ければ、事件の発展もない。」（「余が『草枕』」『文章世界』、明治三十九年十一月、13頁）の言葉になっている。しかし、『草枕』にプロット（企み、筋）がないことはない。写実的な文章が多く「俳句的」であることを是認するにしても、「画工」の諸体験に基づく「那美」の謎解きは作為的であり、「活動写真」の小説として成立していることは疑いようがない。その文体は、自然描写、芸術論、「那美」の物語、という三パートの文章を総合するものとして創出されており、『草枕』の写生文が「俳句的小説」の実現過程の上に成り立っていることは前章に述べた。

一方、『二百十日』は、嵐の二百十日に阿蘇山を目指す二人の男の、気儘ながらも気骨な内容の会話文で構成される。分量的にほぼ九割が会話文という特徴的なもので、小説として意欲的な文体である。僅か一割ほどの自然描写の表現があり、『草枕』の手法を引き継いではいるが、その文章とは異なり、決して「俳句的小説」ではない。「活動写真」とは見做せるが、『草枕』のような劇的な人間模様がなく、全体として描写的であると読める。後述のように

『二百十日』の写生文は、『草枕』で創出した写生文の諸類型のなかから会話文をメインに据え、実験的な写生文を実現したものと考えられる。

五、主観性・客観性から見た文の類型と現象文類

『草枕』『二百十日』の写生文を再考する上で、本章としても文の類型について確認しておきたい。

今日の文法的モダリティ（Modality）論では、全ての文に命題（事態）とモダリティ（発話態度）のあることが常識的である。言語学、英語学、日本語学にわたり議論のある「モダリティ」の規定には諸説がある。(2) 概して言えば、モダリティは叙述内容に対する発話者の心的態度の表現である。小説文体に即して言えば、事態の描写や内容の説明において発話者の如何なる「発話態度」が見られるかの問題ということになる。

仁田義雄（一九九一）によれば、モダリティの範疇の「述べ立て」の類型に現象描写文、判定文（判断判定文）の区別がある。以下、現象文、判定文と呼ぶならば、本書で前述のように、判定文は（広義の）判断文に属する狭義の判断文であり、日本語基幹構文に当たる。現象文と判断文の区別は、文の客観性・主観性を考えるに必要な論点である。前者は直観的な内容であり、現実的な客観性を持つものであるが、後者は主観性の表現である。文とは、基本的に、発話者の認識を述べるものであり、命令、推量、勧誘、意志、希望・願望など、ほとんどの文の類型が判断文と認定される（敬語の表現については、主観、客観の観点から別途考察が必要であるが、少なくとも判断文ではあるだろう）が、直観的に描写する現象文は、モダリティとしての主観性に乏しい表現方法である。それは、漱石が『文学論』で説いた「写実法」を端的にする文の類型である。

現象文は、可能な限り、主観性を排除する文の類型であるから、文法的に言えば、最も典型的な表現形式とは、格、すなわち、格助詞による構文で「は」やモダリティ助動詞を伴わず、時制的には現在形のものである。通常、現象文の基本的な形式は、事物を動的、または、静的に表現する「が」構文である。但し、過去形「た」を用いた場合でも現在形に相当する物語上の表現があり、(3) 現象文と見ることができる。

本章でも現象文の具体例を確認する。文の形式とは実に複雑多様であり、修飾成分（いわゆる修飾語）では「きっと」「おそらく」などの他に「ゆっくり」「かなり」などにも発話者の主観性が反映され得る。しかし、修飾語それ自体は、文全体のあり様を決定する判断でないことがほとんどであり、それらを微細に忖度することはしない。次例は典型的な現象文である。

・　腋の下から汗が出ている。（草33頁）
・　手拭を下げて、湯壺へ下る。（草88頁）
・　黒いものが一歩を下へ移した。（草94頁）
・　林が尽きて、青い原を半丁と行かぬ所に、大入道の圭さんが空を仰いで立っている。（二51頁）

また、次のような「は」構文は、広く現象文の類型に数えることにする。

・　障子には植木鉢の葉蘭の影が暖かそうに写っている。（草101頁）
・　二人の頭の上では二百十日の阿蘇が轟々と百年の不平を限りなき碧空に吐き出している。（二89頁）

通常「は」は題目、すなわち、解説の対象たる主体に対して解説をあてがう構造により判断文を作るが、どちらの傍線部も、それ以後に続く直観的な描写を補完する状況的な題目である。青木伶子（一九九二）によれば状況題目であり、発話者の主観性を意図して表現しようとするものではない。このように「は」構文ながらも主観性の薄い表現が存在する。次例も発話者の主観性は薄く、「輪郭」「青い頭」「三味線」を題目としているものの、それらの描写に徹している表現のため、それらの「は」は「が」への置換が適う。題目が存在する以上、文の類型としては判断文であるが、内容的には現象文の範疇とも見ることができる。

・輪廓は次第に白く浮きあがる。（草97頁）
・青い頭は既に暖簾をくぐって、春風に吹かれている。（草75頁）
・三味線は何時の間にか已んでいた。（草93頁）

このような現象文、および、現象文の範疇にある現象文類によって『草枕』『二百十日』の自然描写の文章が成立している。客観的な自然描写そのものの文の類型は現象文であるが、実際には、現象文と近似の諸類型によっても描かれ、豊かな表現を作っている。文のまとまりとして見てみよう。

・鋸の様な葉が遠慮なく四方へのして真中に黄色な珠を擁護している。菜の花に気を取られて、踏みつけたあとで、気の毒な事をしたと、振り向いて見ると、黄色な珠は依然として鋸のなかに鎮座している。（草10頁）

・手拭の運動につれて、圭さんの太い眉がくしゃりと寄って来る。鼻の穴が三角形に膨脹して、小鼻が勃として左右に展開する。口は腹を切る時の様に堅く喰締ったまま、両耳の方まで割けてくる。（二26頁）

これらの文章では、修飾成分「遠慮なく」「依然として」「くしゃりと」「勃として」などに主観性が分析でき、完全な客観描写とまでは言えない。しかしながら、全体としては客観的な事態の表現であり、少なくとも現象描写である。また、上記のような「は」構文による現象描写は、文の類型としては、あくまで判断文である。内容的には現象描写であることで現象文の範疇と見ることができても、「は」構文が基本的に判断文を作るものであることから、事態の描写においては現象文よりも発話者の認識、および、その存在がより意識されることになり、発話者による解説的な度合が高くなる。要するに「は」構文の役割とは判断文の構成であり、なれば「は」構文による現象描写は、判断文の類型ながら内容的には客観性が高いものであり、いわば、現象文的な判断文という位置付けである。結果として、そのことも写生文の多様性に通じている。

現象文と判断文とは、分析上、それぞれ相容れぬものではなく、客観性と主観性の配合の具合に伴って連続性があると見なければならない。この点において、本章として、小説内における現象文と判断文の比率、および、現象文類の内訳について計量的数値をはかる必要を認めない。

『草枕』には、前掲のものをも含め、客観的な事態を表現する「は」構文を現象文と交互に連続させる文章が多く見られる。漱石の写生文は現象文のみに限定されず、現象文の範疇にあると見られる複数の文の類型でも成り立っている。

・余は立ち上がって、草の中から、手頃の石を二つ拾って来る。功徳になると思ったから、眼の先へ、一つ抛り込んでやる。ぶくぶくと泡が二つ浮いて、すぐ消えた。すぐ消えた、すぐ消えたと、余は心のうちで繰り返す。すかして見ると、三茎程の長い髪が、慵に揺れかかっている。見付かってはと云わぬばかりに、濁った水が底の方から隠しに来る。（草126頁）

六、写生文としての会話文

『二百十日』の文章は、ほぼ九割が会話文である。従って、前記のような現象文、および、現象文類は『二百十日』には少ない。『二百十日』の場合、会話文が小説としてのストーリーを形成している。

・「奇麗な御嬢さんが居るじゃないか」
「あぶねえね」

「何が？」

「何がって。旦那の前だが、あれで出返りですぜ」（草65頁）

・「君」
「ええ」

「ハンケチはないか」

「ある。何にするんだい」（二69頁）

・「大丈夫かい」
「何が」
「口は利けるかい」
「利けるさ」　（二72頁）

「会話文」とは文体形式上の呼称であり、個別具体的な文の類型を指すものではない。すなわち、会話文そのものは現象文、判断文として特定すべきものではない。現象文、判断文としてならば、会話文の個々の文を分析しなくてはならない。一般に、会話文は対面的なコミュニケーションであるから、モダリティの濃度が高くなり、個々の文の類型としては、判断文の類が多くなると考えられる。上記の例についても、個々の文の類型として明らかに現象文と分析し得るものはない。会話文は、ほぼ現象文としての形式にはないと見られる。

そのような会話文であるけれども、これを個々の文について文法的に判断するのではなく、一連の小説文体としては発話者の如何なる発話態度が反映されたものかという視点で考えるならば、会話文による問答とは、登場人物の様子を発話者が直観的に、ありのままを表現したものであると捉えることができる。それは、いわば発話者による実況中継であり、客観写生である。野村剛史（二〇一三）は「写生文」について「『浮雲』型近代小説の中の視点的情景描写だけを取り出したような文章」（327頁）と分析している。会話文は、個々の文の類型がどうあれ、それ全体としては発話者による実況中継であり、客観写生と捉えられる点で「視点的情景描写」の表現である。

会話文は、現象文、判断文のレベルを超えた視点において、写生文の意味するところに十分適うものである。『二百十日』は、『草枕』の現象文、および、現象文類による写生文とは別に、「尤も意を経ざる表現」たる「写実法」

（『文学論』）の一つである会話文によって写生文の小説としたものである。会話文を描写のメインに据えた点において『二百十日』の小説文体は、実験的な写生文を示した。結果として『草枕』『二百十日』の会話文は、描写をなす写生文の一環であり、漱石の多様な写生文のあり方を補完するものになっている。なお、上記の会話文は、あくまで現象文ではないから、小説の分析上、現象文とは別に「写生文」という概念的な枠組みが有効であることも確認される。

七、『草枕』の判断文

『草枕』には、『二百十日』に見られない芸術論、および、それに連なる思索の文章が多く見られる。古田亮（二〇一四）は『草枕』について「小説というよりも漱石の芸術論そのものというに相応しい」（40頁）と述べる。それらは、概ね、判断文であり、写生文としては認定できない。

・詩人に憂はつきものかも知れないが、あの雲雀を聞く心持になれば微塵の苦もない。（草10頁）
・ミレーのオフェリヤは成功かも知れないが、彼の精神は余と同じ所に存するか疑わしい。（草91頁）
・自然の徳は高く塵界を超越して、絶対の平等観を無辺際に樹立している。（草125頁）

これらは、発話者（主人公の「画工」）の主観的な認識や見解、主張などである。従って、写生文としては描き得ない。しかしながら、写生文との連関は持ち得る。

評論としての文章は、基本的に、発話者の現在的な視点の判断となるので、現在形が多くなる。それらは、写生文としての性格は持たないながらも、写生文として描かれる自然描写や会話文体とは「現在の視点で語る」というところで連関する。渥美孝子（二〇一三）には「種々の言語体系がここ（半藤注、『草枕』）には嵌め込まれている。」としつつ「「余」というフィルターを通して言語化された視覚空間は、そのまま画として成立するような効果を生み出すのである。」（49頁）とある。それは『草枕』で描かれるものの視点が固定的であるということでもある。自然描写の現象文、および、現象文類や会話文体が「見ているように書く」ことであるならば、芸術論は「今思うことを書く」のであり、寺田透（一九七七）も説くように、そのような「現在形叙法」としての性格が『草枕』の文体である。「今」の視点でパノラマを客観描写しながら「今」思うことを述べるというのは、場の共時性という観点から矛盾しない。「俳句的小説」たる『草枕』は、漱石が述べた写生文によるパノラマの描写と「活動写真」たる小説とを総合させたものである。そのなかで、芸術論とは、それらを繋ぐ「場」であり、小説全体の視点を発話者の一所に据えるためのものであったと考えられる。パノラマの主要部分である自然描写のみならず、小説の部分を担う物語性（「那美」の物語）の文章に対しても現象文類を多用し、総じて写生文たることを構想した漱石は、写生文による小説としての『草枕』のなかに「本気の遊び」として芸術論という極めて異質の文体を加えたのではなかったか。なれば、漱石自身が「余が『草枕』」で述べたものは、前章の通り一種のポーズであり、レトリックであったということにもなる。

八、まとめ

多様な文の実態を分析する上では、語学的な現象文・判断文の区別とは別に、写生文のような分析方法も有効である。漱石の『草枕』『二百十日』には「写実法」や客観写生の考え方に基づく描写の実践の跡が見て取れる。それは、写生文の名に相応しい小説文体の創出であった。文の類型から見れば、決して一定の表現形式で貫かれたものではない。自然描写は客観写生の典型となるが、小説に不可欠の人間活動を客観描写することをも含め、写生文としての小説は完成する。

写生文の実態とは、具体的には、現象文、および、それに近似の現象文類による多様な表現形式を指す。『草枕』『二百十日』の文体を見る限り、漱石は、ほぼ見ているように書くことで、写生文の多様なあり方を示した。とくに『草枕』に見られる文の諸類型が小説としての写生文をなすものであるならば、小説としての写生文は、『草枕』『二百十日』において到達点を迎えていたとも考えられる。

しかしながら、見ているように書くことに徹すると、語りの視点も時制も制限されることになり、小説文体は可能性を狭める。『草枕』『二百十日』の直後に発表の『野分』は「白井道也は文学者である。」（92頁）の冒頭と、彼の素性を語るところから始まるが、語りの視点も文体も多様であり、写生文の小説とは言えない。『三四郎』も同様であり、客観描写に徹するところが見られない。

・ 三四郎は話を転じて、病人の事を尋ねた。野々宮君の返事によると、果して自分の推測通り病人に異状はなかった。ただ五、六日以来行ってやらなかったものだから、それを物足りなく思って、退屈紛れに兄を釣り寄せたのである。今日は日曜だのに来てくれないのは苛いといって怒っていたそうである。それで野々宮君は妹を馬鹿だといっている。（60頁）

写生文にこだわらない小説文体への変化は、作家としての成長でもあったろうが、なれば、漱石において写生文そのものは、いつまでも理想的、且つ、有効な小説文体ではなかった、ということになる。
上述のことは、写生文の中心たる現象文の存在が小説文体として主流たり得ず、判断文、現象文類とともに小説文体を形成する、周辺的な構文の位置付けであることを実態として示している、ということでもある。

注

（1）木村洋（二〇一五）276頁。
（2）尾上圭介（二〇〇一）や野村剛史（二〇〇三）の立場では、モダリティを「非現実の事態を語る際の意味」「現実外のことを表わす形式」とする。
（3）寺田透（一九七七）は『草枕』について「作品の端から端まで、べた一面に現在の観念、現在の映像が占めている。」としつつ「周到に現在形叙法の不断の持続をはかった」と述べている（84頁）。現代語助動詞「た」がモダリティではなく、テンスとして命題をなす上では現象文の構成を妨げるものとならない。なお「た」については、半藤英明（二〇〇八）で包括的な原理の観点から考察したことがある。

参考文献

青木　伶子（一九九二）『現代語助詞「は」の構文論的研究』笠間書院
渥美　孝子（二〇一三）「夏目漱石『草枕』―絵画小説という試み―」『国語と国文学』第90巻第11号
石原　千秋（二〇〇四）『漱石と三人の読者』講談社現代新書
尾上　圭介（二〇〇一）『文法と意味Ⅰ』くろしお出版
木村　　洋（二〇一五）『文学熱の時代　慷慨から煩悶へ』名古屋大学出版会
寺田　　透（一九七七）『草枕』の文章」『文芸読本　夏目漱石Ⅱ』河出書房新社
田口久美子（二〇一五）「明治初期の演説における一人称代名詞主語の表現について―明六社と自由民権運動の演説をもとに―」

『文学・語学』第213号
仁田　義雄（一九九一）『日本語のモダリティと人称』ひつじ書房
野村　剛史（二〇〇三）「モダリティ形式の分類」『国語学』第54巻第1号
――――（二〇一三）『日本語スタンダードの歴史　ミヤコ言葉から言文一致まで』岩波書店
半藤　英明（二〇〇八）「現代語助動詞「た」の原理」『熊本県立大学文学部紀要』第14巻
古田　亮（二〇一四）『特講　漱石の美術世界』岩波現代全書
吉本　隆明（二〇〇八）『日本近代文学の名作』新潮文庫（二〇〇一年に毎日新聞社から刊行）

第六章　文法機能としての「取り立て」

一、「取り立て」概念のゆれ

日本語基幹構文とは、係助詞の文法機能や、題目、判断文などの事象・事態を評価して構想される概念である。本章では、「は」、および、係助詞による判断文の構成に関わる「取り立て」概念について論ずる。

「取り立て」は、係助詞、および、副助詞をめぐる働きとして大いに問題にされ、検討された文法概念である。しかし、半藤は未だ確定した定説がないと見ている。いわゆる「とりたて詞」の考え方などを含め、その把握の仕方は、依然として諸説で異なる。

しかしながら、概して、大きく二つの立場がある。対立点は、「は」を例に取れば、その中心的用法とされる主題・対比を一括する概念として「取り立て」を考えるか、そのなかの対比用法のみを「取り立て」と見るか、である。

丹羽哲也（二〇〇六・b）は、それまでの「取り立て」の説を比較・検討しつつ、「取り立て」が「範列的な関係を言うもの」であり、「範列的な概念」であることを述べている。[1]「は」で言えば、対比用法のみを「取り立て」概念で把握するというものである。範列的関係の表示にあるものを「取り立て」で把握することは表現事象を指し示す用語として解するということでもある。

本書の立場は、丹羽のものとは異なる。一つのものを立場・認識の違いを以て議論する愚挙は避けねばならない。そこで、まずは丹羽の論を検討するところから始める。

丹羽の言うように「「は」において題目用法と対比用法とが連続体をなしている」（95頁）ことからすれば、少なくとも、主題用法（半藤注、丹羽の題目用法）と対比用法とを切り離すことなく把握する概念が、どうしても必要である。そのような認識のもと、半藤英明（二〇〇三）では、「取り立て」が係助詞に見られる文法機能であることを述べ、その内容が「係助詞を挟んで前後する二項を他の構成要素よりも突出させて、いわば前景化（profile）して特化」する「構造的操作」を以て（84〜85頁）、表現上は「文中で二項に分節された係りと結びの意味的関係を特に際立たせる（＝注目させる）ことで、主題および対比の文を作る働き」（75頁）であるとした。その規定は、主題・対比を一括する概念として「取り立て」を設定するものである。その設定は、以下のように、主題・対比の連続性にかかる問題において有効である。

北原保雄（一九八二）に倣い、「は」の主題用法を「絶対的な取り立て」[2]と解する。そこにも言語全般が本質的に持つ排他性・対比性の存在は認め得るが、本書では、そのような言語の本質論的な構想と「主題」「対比」の別を扱う用法上の問題とを同列には論じない。「主題」と「対比」のどちらが「は」の原理かといった議論は、「は」の全体を論ずるものへと発展しないのである。

次例は、分析上、主題か対比かの判別に迷うものであろう。

・わたしは|山田です。（自己紹介の場面で）
ぼくは|橋本です。
ぼくは|時枝です。

これらの「は」を解釈するに、仮に、発話者の山田・橋本・時枝それぞれが自らの「は」構文を絶対的に表明し、他に並行する事態を想定外にしていると考えるならば、それらは主題用法である。しかし、この場面に関わる聞き手の立場からすれば、それらの「は」を対比用法として、それぞれの「は」構文が対立的に示されているものとも解し得る。勿論、発話者自身が対比用法として表明していることもあり得るから、このような事例を以て主題か対比かを論ずる意義は乏しい。このことは、主題・対比の連続性なり融通性なりを象徴するものでもある。

丹羽哲也（二〇〇六・a）では「は」の用法中に「非対比的提示」として「題目用法」とは別に「単純提示用法」の存在を指摘している。例文として挙げられる「学校へは|時々行くんですか？」について、丹羽は「対比用法としての解釈も可」とし、格助詞に下接する「は」の場合には「題目に近い場合もあり、また一方では、（「ナイフでは|リンゴをむいた。」のように）対比の意味でしか成り立たない場合もある」としている（12頁）。これも、主題・対比の判別が必ずしも適わないケースを述べたものである。

このように「は」の解釈上、用法の特定に困難なケースが存在することは、「は」にとっての主題・対比の別が「は」の本質的なものではないことを示しており、また、それらを横断する概念の必要性を示している。

丹羽哲也（二〇〇六・a）・（二〇〇六・b）は「は」の全体を「取り立て」ではなく、「課題構造」で説明する提案をしている。[3] 丹羽哲也（二〇〇六・b）によれば「課題構造」は「基本的には、「Xは〜」が前提をなし、そこにPを割り当てるという、Pに焦点が置かれる情報構造である」とされる。そして「係助詞というのは、Xの側であれ、Pの側であれ、焦点を付与する働きがあると理解することができる」とも説く（101頁）。

半藤の「取り立て」の理解も丹羽の「課題構造」も、ともに、主題・対比を一括し得る説明の仕組みを設定するものである。つまり、そのようなものの設定が求められるという認識は両者に共通である。そこで、それぞれの優位性は測らぬまでも、それらの立場の違いを明確にしておく。

二、「課題構造」の中身

丹羽が「は」の用法のトータルな理解の仕方として提案する「課題構造」は、前述のように「Xは〜」が前提をなし、そこにPを割り当てるという、Pに焦点が置かれる情報構造である。この点を、次の主題用法（a）、対比用法（b）の例で辿ってみたい。

a　夏は／暑い。

b　夏は／暑く、冬は／寒い。

「課題構造」の考え方からすれば、aは「Xにどんな属性・状況が成り立つかというと、Pが成り立つ」（101頁）という形で「夏」を前提とし、そこに焦点となる「暑い」を割り当てた情報構造にある。bは「XにPの肯定、X′にP

の否定が結びつく」（同頁）という形で「夏」「冬」を前提とし、その焦点となる「暑い」「寒い」をそれぞれ割り当てた情報構造にあるということになる。

この考え方は、かつて大野晋（一九七八）の示した「は」の「問・答」構造の主旨と、ほぼ重なる。

ハの上は問いになり、そこで一度切断される。それはハの下に説明を要求しているのであり、また説明がくることを予告しているわけである。だからハの下にはその求められている答えを加え、そして終結する。（29頁）

このような「問・答」構造の結果、大野は「ハの下には何か知られていない情報が加えられ、それがハの上の題目についての説明となって、判断の文が成り立つ」（31頁）とする。その情報構造は、当然に、主題用法（a）、対比用法（b）の両用法のものでもある。(4)

大野のように「は」によって分断される二項を「問・答」の構造で把握することは、その場合の情報上の焦点を「答」に置くと認識することである。同じことを、重見一行（一九九四）では「「は」の所謂「提題機能」とは、上接文言が発話意義の中心になる場合ではなく、下接文言が中心になる場合と言わなければならない」（15頁）と述べている。

丹羽の「課題構造」は「は」の下位部を焦点とするものであり、そこを情報上の要点と見る理論的な枠組みとして、大野の「問・答」構造、重見の「提題機能」とは共通のものであると考えられる。しかも、それらは、いずれも、あくまで「は」の情報構造、すなわち、「は」の意味的機能を分析したものであり、文法機能を述べたものではない点にも注意しなければならない。

「問・答」構造、また、「提題機能」であれ「課題構造」であれ、それらは、「は」の全ての用法に適用できるものではない。例えば、次のような述部の結合を強める用法は、それらでは説明できない。

c　テレビを見はする（勉強はしない）。

d　暑くはない（寒くもない）。

e　男ではない（女だ）。

これらは「見る」「暑くない」「男でない」という部位に「は」を挿入して強調し、それに伴い、対比的含みが表出するものである。このとき、それぞれ「は」の下位の「する」・「ない」だけを焦点や重要情報と見ることはできない。連用語・副詞を承ける「は」の場合も、同様である。

f　急には止まれない。

g　たっぷりとは食べられない。

どちらも連用修飾関係の結合強化を目指しつつ、「ゆっくりとは止まれる」「少しは食べられる」のような対比的含みを表出させるが、「急に」「たっぷりと」が問い・前提であり、「止まれない」「食べられない」が答え・焦点ということにはならない。

このように「問・答」構造、提題機能、また、課題構造は「は」のなかの一定の用法に関係するものであり、従って「は」の代表的な働きとは認識し得ない。

本書で後述の通り、「は」の文法機能については、青木伶子（一九九二）が「二分結合」であると述べた。二分結合は、尾上圭介の指摘に始まるが、青木伶子（一九八六）では、その働きが「は」によって分断される前後二項を再結合するものであるとして、次のように指摘する。

この結合（＝「は」の前後二項の結合）は、切断する以前の統括機能を恢復するものではなく、両者全く対等のものとしての関係を新たに成立せしめるのである。（6頁）

二分結合の働きは「は」全体のものとしては問題があるが、「は」の前後二項が対等の資格になるという論理は「は」のほぼ全ての用法に適用される。[5] 上述のような「は」の下位部を焦点・重要情報と見る理論的な枠組みは、「問・答」構造や課題構造という観点から、「は」の下位部を重視する形で伝達情報のあり方を分析したものであり、そのような情報構造の問題と二分結合とは、理論上、整合しない。

本書は、二分結合によって「は」の前後二項をそれぞれ対等の資格にすること、その働きこそ「取り立て」に基づくものである、と考える。述部の結合（c～e）、副詞を承けるもの（f・g）などを含め、「は」の全ての用法は、「取り立て」機能により係助詞の前後二項が特化・重点化された状態にある、と考える。

但し、「取り立て」による二項の特化・重点化は、係助詞全ての前後が対等の資格にあることを必ずしも保証するものではない。「も・こそ」の「取り立て」が二分結合ではない[6]ことからは、二分結合の働きは「取り立て」機能の一つの現れ方、とくに「は」の文法機能と考えるべきものである。なお、「は」の主題・対比の別は、「取り立て」機能が絶対的なものであるか（＝主題用法）相対的なものであるか（＝対比用法）との連関にあると把握することで「取り立て」の仕組みの中で捉え得る。

主題・対比を一括し得る理論的枠組みながら、丹羽の「課題構造」とは係助詞の表現構造を指すものであり、半藤の「取り立て」は係助詞の文法機能として設定するものである、という違いがあり、理論上の位置付けが異なる。

三、なぜ「取り立て」るのか

表現上に「取り立て」概念を必要とするのは何のためであるのか。上述のことからすれば、表現上に二項の特化・重点化という文法機能を設定することの必要性が具体的な課題である。

文の理解をめぐって考えてみる。時枝の文法論に立ち返るまでもなく、文の全般は、本質的に、言語主体の認識・判断に基づくものであり、それらと切り離しては理解し得ない性質のものである。しかしながら、その認識・判断のあり方をめぐり、文のタイプの別を考えることが可能である。度々確認するように、仁田義雄（一九九一）は、文のあり方に現象描写文と判定文（判断判定文）とを設定した。原則として、前者は題目を持たない無題文であり、後者は題目のある有題文である。現象描写文は事態認識を主観の加工を加えずに表現するものであり、判定文は主観的判断なしには成立しない文である。本書では、それらの対立を現象文と判断文とで捉えている。

そのような文のタイプの別からすれば、二項の特化・重点化は、文中において注目度の高い対象を以てなされるのであるから、極めて意志的なものでなければならず、主観の加工を加えない現象文においては、その対象が未定の状況であることになる。次の無題文は、特化・重点化すべき対象が選択・決定される状況にない。

・　小川に水が流れる。

　このような現象文には、通常、特化・重点化すべき特定の要素が存在しないと見るべきである。ゆえに、無題文となるのではあるが、そこに特化・重点化すべき要素を見出し、そのことを表明しようとすることで、次の判断文となる。

・　小川に水は、流れる。

　これは、前記の現象文との関係で見れば、「水（が）」と「流れる」の組み合わせを特化・重点化すべき二項と判断し、「は」で結合するものである。その結果、現象文であったものが判断文の領域へと転ずる。

「は」と判断文との関係で考えれば、「は」は、もとより名詞述語文たる判断文の構成に関わることで有題文を作る。「は」の「取り立て」による二項の特化・重点化は、判断文のなかの「判断の対象」となる二項でなされる。「は」の前項、また、後項のどちらか一方だけでは、基本的に、判断文の構成素とはなり得ても、題目―解説の構造たる典型的な判断文は作れない。

「小川に水が流れる」のように、述語が支配的な格述構文たる動詞述語文は、通常は、無題文の現象文として表現される性質にある。そのような性質のものを判断文として再構成しようとすれば、まずは「判断の対象」となるべき主要構成素を選択する必要がある。それらが中心的情報となり、「は」の二分結合の働きによって対等な資格たる前後二項として表現される。このとき、その二項は、それらの結合成立の如何を問う前段階として、それらが対等な資格として結合し得る二項か否か、すなわち、「は」構文での構成を可能とする要素か否か、という「選定」に関わる前提判断に支えられていると考えられる。「は」によっても結合可能なものと、そうでないものとがあるのであり、「判断の対象」を選定するためは、必ず前提判断の存在が必要である。

久野暲（一九七三）は「ハ」でマークされる日本文の主題も、総称名詞句か、文脈指示の名詞句でなければならない」（29〜30頁）として「は」がトピック化し得る要素について述べている。また、寺村秀夫（一九九一）は、主題化に適さない名詞句として、指示対象が不特定であることを示すもの（不定名詞「どれ」、不定名詞句「どんな男」など）や、従属節の従属度が高いものなどを挙げている。どちらも、「判断の対象」を選定する前提判断の、情報上の制限範囲を問題にしたものであると考えられる。そのような具体的事象に反映する形で、「は」による判断文の形成前には「判断の対象」となり得るものを選定するための判断がある、と半藤は考える。

次の文でも考えてみよう。

・　小川には、水が流れる。

これは、前記の現象文から、述語「流れる」の支配下にある格成分「小川に」をとくに取り出し、それと「(水が)流れる」との組み合わせを特化・重点化すべき二項と判断して「は」で結合するものである。そこにも、それら二項が判断文の直接的な「判断の対象」になり得るという前提判断が存在していた、と考える。それは「小川に」という「に」格とその述語とによっても、それらを「判断の対象」とする「判断文」が作り得るという前提判断である。

「が」格を取り出すときとは異なり、「小川に」の「に」格は無形化しないが、格関係を特化・重点化するという点では、ともに同じ「取り立て」にある。しかしながら、結果として「水は流れる」と「小川には（水が）流れる」とでは、用法的な違いが生ずる。丹羽哲也（二〇〇六・a）では「「名詞句＋格助詞＋は」は題目を表すのではない」（69頁）として「単純提示用法」に位置付けている。すなわち「水は」は題目であるが、「小川に」は題目でないことになる。なれば、前掲の例文（小川には、……）は有題文ではないことにもなる（但し、本書・第七章で後述するように、それも題目である）。

本章では、ひとまず、格助詞下接の「は」が題目となるか否かの議論とは別に、題目を有することと判断文であることを別個に考える。仁田義雄（一九九一）は「典型的な判断（判定）文は、「題目―解説」構造を取る文、言い換えれば有題文である」（118頁）とするが、更には「判断文の述語は、スル形とスルダロウ形の対立を有する」（117頁）とも述べている。前掲「小川に水は、流れる」「小川には、水が流れる」の文は、どちらも「流れる／流れるだろう」のように、判断のモダリティという文法カテゴリーを有すると考えられ、判断文である。仮に、後者に対して題目の存在を疑うにしても、ひとまず、典型から外れる判断文として扱うことができるだろう。[7]

上記のように、文における題目の有無を問わず、「取り立て」による前後二項の特化・重点化が、判断文における「判断の対象」となる格関係や、副詞による連用成分などの連用修飾関係においてなされると考えるならば、判断文における「判断の対象」の指示というものが「取り立て」の目的でもあると考え得る。換言すれば、「取り立て」は、判断文の「判断の対象」を直接的に明示するところを把握する概念として必要である、ということになる。

四、「も」「こそ」の場合

「は」の「取り立て」が判断文の主要構成素となる「判断の対象」たる二項を指示し、その「取り立て」の前提として「判断文」の主要構成素となり得るか否かの前提判断がある、と考えるとき、同じく「取り立て」機能にある、他の係助詞をどう見るか。

「も」「こそ」も、言うまでもなく判断文の構成に関わるが、それらの助詞が特化・重点化する二項も、やはり判断文の主要構成素となるべく選択された二項である。

1　この高名な料亭に出かけた陽水（歌手名）は食事のあと店の人たちから一曲所望された。ギターがないから、という逃げ道を塞ぐために、調律済みでそれも用意されていた。（筑紫哲也『ニュースキャスター』集英社新書）

2　そしてそういう努力をつづけていくことによって、ねばり強い心とか、困難にくじけない心とかもつくられていく。また、苦しい思いをしても、目の前にある困難を一つ一つ突破していくことこそ、ほんとうに張り合いのあることであり、楽しいことだということも体験として覚えていくようになる。そういうことこそ、もっともたいせつな能力である。（斎藤喜博『君の可能性』ちくま文庫）

例文1の「も」が特化・重点化する二項「それ（ギター）」と「用意されていた」は、前文の「陽水に一曲歌わせることが設定されていた」という事態認識の上に、「それ」が「用意されていた」ことを以て「も」を使用するものである。当然に「も」が特化・重点化する二項「それ」と「用意されていた」は、判断文における「判断の対象」であるが、それらは「判断の対象」として選択される上で、事前の事態認識である「陽水に一曲歌わせることが用意されていた」に支えられており、その前提判断に基づいて選定されたものである。そのような環境が典型的な「も」の使用には必要である。

例文2の傍線部「こそ」が特化・重点化する二項「そういうこと」と「たいせつな能力である」は、人間にとって必要な諸々の能力があることを前提として選び出された判断文の主要構成素である。しかも、それらは、そのような前提を事態認識として持っていないと選定し得ない要素である。「こそ」による「判断の対象」の指示にも、その選定に関わる前提判断が存在していると考えられる。

「こそ」の前提判断を規定し、事態認識を支えているのが卓立の働きである。その働きは、次例のような表現の存在とも結び付いている。

3　炎と雪とを結びつける発想は、そこに「心」が重ね合わされているからこそ、生まれてきたのではないかと思う。（俵万智『考える短歌』新潮新書）

4　失敗したり、まちがいをおかしたり、後悔したりしているからこそ、自分をすこしずつよくしていくことができるのである。（『君の可能性』）

どちらも判断文であるが、このように因果関係にある表現同士を「こそ」が結合し得るのは、「こそ」の役割と因果関係の構成とが同種のレベルにあることに因るものである。因果関係の形成には、その前提として、諸々の結び付きの可能性があり、そのなかでも最上のものを選び出すという判断が必要であり、そのあり方が「こそ」の卓立の働きに適合すると考えられる。

五、「取り立て」の包括的な役割

「は」「も」「こそ」は、いずれも判断文の主要構成素となる「判断の対象」たる二項の結合に携わる。しかも、その二項を選び出す上では、それらの選定に関わる前提判断（「は」の場合）、もしくは、そのような前提判断を規定する事態認識（「も、こそ」の場合）が不可欠である、と考えることができる。このことを以て「取り立て」機能は、等しく「判断の対象」の選定を経て、その特化・重点化を目指すものである、と見做し得る。

上記は、恐らくは、古典語の係助詞をも含め、係助詞の等質性が判断文の構成、および、「判断の対象」の選定と特化・重点化にある、という原理に繋がっていることである。

注

（1）但し、丹羽は「取り立て」という用語よりも「範列関係」「同類関係」という用語で呼ぶべきことを述べている。93頁。なお、澤田美恵子、多田知子にも「取り立て」の概念にかかる考察がある。

（2）丹羽（二〇〇六・b）は「絶対的な取り立て」の考え方に疑義を唱える。93頁。

（3）『日本語文法大辞典』（明治書院、二〇〇一）には、係助詞「は」は「ある特定の対象を明瞭に他の対象と区別（特立限定）して課題的に設定し、述語と結合して陳述をなす」（126頁、野村剛史執筆、傍線半藤）とある。

（4）黒田成幸（二〇〇五）は、主題の「は」は『は』が添加された名詞項が、背景の命題群において定項であって、残りの部分が変項である」のに対し、対比の「は」は『は』が添加された名詞項が、背景の命題群において変項であって、残りの部分が定項である」とする（68頁）。本章では、そのような情報構造上の態勢は、「は」構文が現象的に、また、結果的に取るものであり、「は」の本質的な機能ではないと考える。

（5）本書・第九章で「二項対等結合」として論ずる。なお、尾上圭介（二〇〇二）では、「題目提示」でも「対比」でもない「事態の強調的承認」（＝額縁的詠嘆）の用法に「は」に伴う断続がないとしている（71～72頁）。

（6）半藤英明（二〇〇三）の第一部第四章を参照。

（7）いわゆる転位陰題文（＝転位文）は「が」構文ながら判断文である。なお、黒田成幸（二〇〇五）は「文の題目となるのは名詞句である」（68頁脚注）とするが、本書では、判断文の主要構成素たる二項については「題目」に当たると考えている。

参考文献

青木伶子（一九八六）「『は』助詞は所謂『陳述』を支配するに非ず？」『国語国文』第55巻第3号
――（一九九二）『現代語助詞「は」の構文論的研究』笠間書院
大野　晋（一九七八）『日本語の文法を考える』岩波新書
尾上圭介（二〇〇二）「係助詞の二種」『国語と国文学』第79巻第8号
北原保雄（一九八一）『日本語の世界6　日本語の文法』中央公論社
久野　暲（一九七三）『日本文法研究』大修館書店
黒田成幸（二〇〇五）『日本語からみた生成文法』岩波書店
澤田美恵子（二〇〇〇）「「とりたて」という概念の創出」『日本語学』第19巻第5号
重見一行（一九九四）『助詞の構文機能研究』和泉書院
多田知子（二〇一二）「副助詞の概念ととりたて助詞の概念」『青山語文』第42号
寺村秀夫（一九九一）『日本語のシンタクスと意味Ⅲ』くろしお出版

仁田　義雄（一九九一）『日本語のモダリティと人称』ひつじ書房
丹羽　哲也（二〇〇六・a）『日本語の題目文』和泉書院
――――（二〇〇六・b）「「取り立て」の概念と「取り立て助詞」の設定について」『文学史研究』（大阪市立大学）46
半藤　英明（二〇〇三）『係助詞と係結びの本質』新典社

第七章　表現構成素としての「題目」

一、題目の問題点

前章で「取り立て」概念を検証した。一般に、ものの用語には共通の理解が必要である。文法用語などのテクニカル・タームについても、独善的な意味の規定は論全体を分かりにくくし、大方の理解を損なう恐れがある。しかし、或る文法論において、既成の文法用語が他人の理解や規定とは異なるものとして使用されることはある。

そのようなものの一つが「題目」である。「題目」に当たる語句が「題目語」である。その規定は、必ずしも万人に共通のものではなく、さまざまな文法論のなかでそれぞれ解釈され、使用されているところがある。尾上圭介（一九九五）は「「題目―解説」という構造は、所詮、文の表現論上のあるスタイルの名称であり、それゆえ「題目」も文法論風に厳格に規定することは本来むずかしいのである」（31頁）と述べている。

但し、題目の語は、広く一般化しており、「は」構文、主題論、「取り立て」といったテーマ研究において、題目の語の使用は不可欠である。

本章では、題目をめぐる従来の議論を整理しつつ、加えて、本書としての立場を明らかにする。

二、青木伶子の論述から

『日本語文法大辞典』（明治書院、二〇〇一）では、「題目語」を「文の成分の名称として定着していない」としつつも、次のように解説する（秋本守英執筆）。

> 文論で、その文の内容の題目となるような語、つまりその文が何について述べられているのかを表す語を、文の初めに係助詞「は」を添えて示したもの。係助詞「も」や「には」「にも」「については」「についても」などを添えて示すこともある。（後略、傍線半藤）

題目の規定が徹底しない原因の一つとして、傍線部「その文が何について述べられているのかを表す語」のように、意味的な規定の緩やかさがあることで、多様な解釈を許してしまうことがあると思われる。本書では、できる限り、厳格な意味の記述を目指すが、ここで「は」と他の係助詞の働きを併せて題目を考えると、数多くのさまざまな言語事象を盛り込むことになり、議論を拡散させる恐れがあるので、まずは「は」のみを取り上げ、「も」「こそ」は扱わない。

従来の議論を確認する意味で、注目すべき先行研究のなかから、青木伶子（一九九二）を参照する。青木は、諸家の説を丹念に洗い、その上で「題目をあまりに広く解するならば、構文的に性格のはなはだ異なるものを含むことになるので、私としては構文論的観点を重視し、題目を狭く捉へたいと思ふ」（99頁）として、次のように規定する。

> 題目とは、それについて以下に述べるために、格成分として述語に向かって従属的に組み込まれようとしてゐた文の流れからハによって完全に切り離され、前項として提示されたもの・事柄。或いは、論理的関係ではないながら、以下において、ついて述べるべく提示されたもの・事柄である。従ってこれらは当然既知のものである。而も、最も基本的な対立二項の前項として提示されたもの（半藤注、主に主語の位置にあるものだが、目的語、「に」格成分の場合もある）に限る。　（109頁）

この規定に沿いつつ、青木の「題目」には、以下のような記述が続く。

> 真の題目とは基本的には「体言的語句＋ハ」の形のもの、即ち格助詞のない場合である。「格助詞＋ハ」の場合は、格述構造が完全に払拭されてはをらず、若し対比（半藤注、対比の用法）でなかったとしてもそれは真の題目とは異なるものである。　（109頁）

> 題目は自づから一文に一つといふことになる。　（112頁）

> 題目――解説が主文においてのみ指摘し得る構造である　（392頁）

要するに、青木の「題目（＝真の題目）」とは、構造的には、主文の主語に付く「は」を典型としつつ、無形化した「を」格、「に」格の場合をも認め、また、表現的には「は」の後項が前項の解説に相当する際の、その前項ということになる。[1] すると、次例には全て題目があることになる。

○　地球は丸い。（青木によれば、主語題目）
○　同情は捨てる。（青木によれば、目的語題目）
○　ペナントレースは優勝した。（「に」格、もしくは「で」格の題目）

また、格助詞を欠く位置にあれば、対比用法の「は」もまた、題目と見做される。

○　山は高く、海は広い。[2]
○　海は広いが、池は狭い。[3]

青木は、格助詞を承ける「は」については、格成分の働きが払拭されていないため、「題目（＝真の題目）」とはしない。しかし、状況成分（場所・場面を表す「に」「で」）に下接した「は」で対比の意味が出ないものは「状況題目提示」と扱う（196頁）。「状況題目提示」は「題目（＝真の題目）」ではないが、その性質に近いもの（「題目提示用法の一種」、187頁）である。ちなみに、黒田成幸（二〇〇五）は「文の題目となるのは名詞句である」（68頁脚注）とし、益岡隆志

（二〇〇七）には「題目の性格を考えようとするとき、題目を表す名詞句の指示上の特性を問題にするのが一般的である」（64頁）とあるが、実は、そう単純に割り切れないところがありそうである。

次例が「状況題目提示」のものである。

○　東京には|ビルが乱立している。

○　日本では|箸を使う。

これらは、対比性がないものであれば、「東京」「日本」という場所が題目として提示されていると考える。(4) 恐らく、青木は、このような例では「には」「では」の形式が題目の提示を担い、格成分を「は」が承けているという発想には立っていないのであろう。なお、格助詞を欠いた「東京は|ビルが乱立している」「日本は|箸を使う」であれば、当然、題目である。しかし、次のようなものは題目にならない。

●　私は辞書は|使わない。

「辞書は|使わない」の部分は、それのみであれば、目的語題目となり得るのであるが、「私は」が冒頭に立つと、題目は一文に一つであることから、ここでは「私は」が題目、「辞書は使わない」がその解説となり、後者の「は」は題目とならない（用法上、題目ではない対比である）。

● 父は家では｜箸を使う。

こちらも題目は一文に一つであることから「では」が状況題目とならず、対比を表すものとなる。すなわち「父は」が題目、「家では箸を使う」はその解説となる。また、次のように一文に一つの「は」でも、格助詞があるもの、副詞を承けるもの、連語内に挿入されるものは、題目にはならず、対比となる。

● 彼女には｜会わない。
● はっきりは｜しない。
● 寒くは｜ない。

三、尾上圭介の論述から

尾上圭介（一九八一）は「題目―解説という表現論的な捉え方は、既定の、あるいは目前の何かに対して新たに説明を与えるという場合にこそ典型的に成り立つ」（112〜113頁）としている。題目は「典型的」な場合と、そうでない場合とで幅があるということになる。「典型的な題目」の要件について、尾上圭介（一九九五）は、次の二側面を備えた成分であることを述べている（31頁）。

① 一文の中で、その成分が表現伝達上の前提部分という立場にある。

①―a　表現の流れにおいて、その部分が全体の中から仕切り出されて特別な位置にある。

①―b　その成分は、後続の伝達主要部分の内容がそれと決定されるために必要な原理的先行固定部分である。

②　その成分が、後続部分の説明対象になっている。

上記の①②は「は」構文の意味的状況を述べたものであり、①―a・bについては「は」の構文上の働きを述べたものであると考えられる。[5]「典型外」の題目とは、この①②を満たさないところに存在する。

今ここに、「は」構文の意味的状況を「は」の前項が「説明対象」、後項が「説明」になると単純に解するならば、前節の例文においては「説明対象」と「説明」の関係では捉えにくい次のものは題目ではない。

●私は辞書は使わない。
●父は家では箸を使う。
●彼女には会わない。
●はっきりはしない。
●寒くはない。

尾上圭介（二〇〇四）では「東京はビルが乱立している」「日本は箸を使う」のようなものは題目と見做し、状況語が説明対象となって題目になっていると考える（32～33頁）が、青木でいう「状況題目提示」のもの（次例）は題目とはならない。

● 東京には|ビルが乱立している。
● 日本では|箸を使う。

どちらも「は」の前項が説明対象で、後項部分が説明という関係性では捉えることができない。これは「東京に」「日本で」のような格成分（尾上によれば「状況語」）が説明の「対象」、つまりモノ的概念であるとは考えにくいことによる。この点は、堀川智也（二〇〇七）も、尾上の立場から、次のように述べている。

「○○＋格助詞＋ハ」の場合、それ自体が後続部分の解説の対象としてのモノではないので狭義には「題目語」には含めないという立場にたつが、この立場にたてば、格項目の中で狭義題目化できるのは、ガ格項項・ヲ格項・一部のニ格項に限られることになる。(6)（39頁）

上記の「格項目の中で狭義題目化できるのは、ガ格項・ヲ格項・一部のニ格項に限られることになる」の記述は、尾上圭介（二〇〇四）の「文中の格項目の一つが題目語にまわり、残りが解説部となるもので、典型的な題目語になるのはガ格項、ヲ格項と特別な場合のニ格項である」（30頁）、「格項目が「典型的な題目語」になるのは、ガ格項、ヲ格項、特別な場合のニ格項に限られると言ってよい」（33頁）、などの指摘に共通のものである。それらの認識では、次例は題目である。

○　同情は捨てる。
○　ペナントレースは優勝した。

「を」格成分である「同情」、「に（で）」格成分の「ペナントレース」は、北原保雄によれば、述語に不足する成分を補充するものであり、それぞれは述語「捨てる」「優勝した」に対する「補充成分」に当たる。そのような関係にあるものは、説明対象―説明の関係では捉えにくいが、堀川智也（二〇〇五）では「典型的な題目」の意味的要件として「処置がなされるべき対象としてのモノ」を立てる「処置課題」のケースがあることを述べている。例えば「穴が開いた箇所は粘土を詰めた」「大雪山は十分な冬山装備をして登った」の類であり、「を」格や「に」格の一部は、そのことによって題目に見做し得るとされる。その立場では、前掲「同情は捨てる」「ペナントレースは優勝した」は「処置課題」のケースでの題目に当たる。

四、丹羽哲也の論述から

前章の「取り立て」概念の検証でも取り上げた丹羽哲也（二〇〇六）は、「題目」を「主題」と言っても同じであるとして、前項に対して何か述べる、つまり「説明・解説」を表す「題述関係」を構成する際の、その前項が題目であるとする（1～2頁）。「題述関係」とは、前提として提示されるXに対してYを焦点として割り当てる「課題構造」[7]に「主体と属性・状況の関係を組み込んだもの」であり、「ガ格が題目に立つのが多く、斜格が題目に立ち得るのは、その名詞句が述語とガ格関係（主体と属性・状況）にも把握されるからだ」（55頁）とも述べている。[8]このことから、題目が成立する要件として、次のことが言われる。

題目文が成立するための条件は、X（半藤注、題目名詞句）とP（半藤注、述部）の間に主体と属性・状況の関係が成り立つということであり、XとPの述語とが格関係にあることや、XとPの中の要素とが所属・類種関係にあることは、その関係を成り立たせやすくする条件としてある。（7頁）

上記の「所属関係」は、XにYが所属する関係の「は」構文（「象（X）は鼻（Y）が長い」の類）であり、「類種関係」は、XとYが類と種の関係にある「は」構文（「魚（X）は鯛（Y）がいい」や「課長（X）は山田さん（Y）が仕事が早い」の類）を指すものである。

丹羽が「は」の用法で題目と認めるのは「題目用法」（本書では主題用法）と「対比題目用法」（例えば「山は高く、海は広い」「海は広いが、池は狭い」の類）であり、題目としないものは「対比用法」と「単純提示用法」である（11頁）。「対比用法」とは、主格以外の格成分を承けて「は」が対比性を持つ用法を指し、「単純提示用法」とは「題目を表すのでも対比を表すのでもないが、なお課題構造は保持しているというもの」（同頁）で、例文としては「引き受けた以上は、責任を持ってやらなくてはならない」のようなものや、格助詞に付く「は」のなか、「彼女には昨日会いました」「食事にはいつ行きますか」の類を挙げる。

なれば、本章中のこれまでの例文では、次の対比用法のものが題目でない。

● 私は辞書は使わない。

● 父は家では箸を使う。
● 彼女には会わない。
● はっきりはしない。
● 寒くはない。

また、青木の「状況題目提示」のものは、丹羽では「単純提示用法」となり、これも題目とならない。丹羽哲也（二〇〇四）には「ニ格、デ格などでは、「秋には運動会が多い。」「この辺りでは、オーロラがよく見られる。」のように、「名詞＋格助詞＋は」の形もある。（中略）こういう形の場合、「秋」「この辺り」そのものの説明をしているのではないので、少なくとも典型的な題目とは言い難い」（276頁、注5）とある。すなわち、次例は題目ではない。

● 東京にはビルが乱立している。
● 日本では箸を使う。

一方、次は、尾上・堀川と同様に、題目に扱うものと推察される。

○ 東京はビルが乱立している。
○ 日本は箸を使う。

これらは、主体と属性・状況の関係を組み込んだ「題述関係」にあると見做されることで題目となる。また、次例も題目である。

○　同情は|捨てなければならない。

○　ペナントレースは|優勝した。

丹羽は「同情は|捨てる」のような「主体の作用が直接に志向するモノ」である「を」格に付く「は」を題目の要素と捉えている（73～75頁）。また「ペナントレースは|優勝した」については、主体と属性・状況の関係が成り立っていると見做され、題目に扱われるものと判断される。

五、論点

上記の先行研究の論述から、論点を整理したい。ここに、青木の「状況題目提示」を題目と扱い、尾上の題目を「典型的な題目」に限るとした上で、青木、尾上、丹羽による題目の捉え方を「は」構文のバリエーションの広さ（広 ＞ 狭）から示すならば、次のようになる。

青木　＞　尾上　＝　丹羽

青木の、尾上・丹羽と比べての広さは、格助詞を承ける「東京には｜ビルが乱立している」「日本では｜箸を使う」のような例文を「状況題目提示」として「題目提示用法の一種」に扱うところにある。尾上・丹羽では、格助詞を欠く「東京は｜ビルが乱立している」「日本は｜箸を使う」は題目（青木も同じ）であるが、「東京には｜ビルが乱立している」「日本では｜箸を使う」は題目にならない。そこで、このことを論点に考える。

尾上圭介（二〇〇四）によれば「この部屋は｜大きな窓がある」の「この部屋」は「状況語」であって「格項目」ではない。これは、すなわち、存在の場が主語になっているもので、しかも、その主語が題目語になっているものである。一方「この部屋には｜大きな窓がある」は、存在場所ニ格のニ格項が題目化されたケースとされる。つまり「この部屋は｜大きな窓がある」は「この部屋に｜大きな窓がある」における「この部屋に」という「状況語」が題目化したものではないと見るのである（32～33頁）。このような考え方では、前記の例文「東京は｜ビルが乱立している」「日本は｜箸を使う」は、存在の場が題目語になったものであり、「東京には｜ビルが乱立している」「日本では｜箸を使う」は、存在場所のニ格項、デ格項が題目化したもので、それぞれの文の成り立ちは異なっていることになる。

分析的に捉えれば、そのような立論はあり得る。一方、伝達情報上の効果から考えれば「東京は｜ビルが乱立している」と「東京には｜ビルが乱立している」、「日本は｜箸を使う」と「日本では｜箸を使う」は、ほぼ対等である。使用上、それらを意味的な違いによって使い分けることは難しく、聞き手・解釈の側としても、インフォーマルとフォーマルの対立といったデリケートな程度差を感ずるあたりがせいぜいなのではないか[9]。

繰り返しになるが、堀川智也（二〇〇七）では「穴が開いた箇所は｜粘土を詰めた」や「大雪山は｜十分な冬山装備をして登った」などは「処置課題」による題目である（40～41頁）。それらと「穴が開いた箇所には｜粘土を詰めた」「大雪山には｜十分な冬山装備をして登った」は、伝達情報上、ほぼ同義であると思われるが、後者が題目ではないということであれば、それは「に」の存在を要因とすることである。格助詞の有無が表現性の異なるものを形成するとの考え方は理解し得る[10]が、格助詞の有無が題目か否かを決定する最大要因であるべきか。すなわち「は」が格助詞を承けるか否かで題目・非題目の違いを設定すべきかという点が当面の問題となる。別の例で検討してみる。

1　彼は誠意がない。

2　彼には誠意がない。

尾上では、1は「説明対象」―「説明」を形成する題目語であるが、2はニ格項が題目化したものであり、題目ではない。丹羽では、1は主体と属性・状況の関係にあるので題目であるが、2は格助詞を承けており、対比性がなければ「単純提示用法」となって題目にならない。

しかし、半藤は1と2を明確に使い分けるとは思えず、それらは「彼」が「誠意がない人物」であると認定している判断文として、ほぼ同義である。敢えて違いを出そうとすれば、1は「彼という人は誠意がない」、2は「彼について言えば誠意がない」という解釈になるが、それらは結果として「彼」に「誠意がない」というところで同義と受け取れる。

2のように「には」の「に」があってもなくても、ほぼ同義の文が成り立つことは、そのような文では「は」の役割が中心的であり、「は」が文全体を支えているということにもなる（「では」にも同類がある）。それらの文は「は」で示されるべき情報ということでもある。青木によれば、前掲1は格助詞のない「真の題目」、2は、対比性のないものは「彼」を場所扱いして述べる「状況題目提示」となるが、「状況題目提示」の場合というのは格助詞「に」「で」

の働きを薄くしており、「は」のみでの題目とほぼ変わらぬものを作っていると見ることもできるのではないか。その意味で、半藤は1を題目、2を非題目と区別することに消極的である。

但し、次の「あなたには」「彼には」では、「に」を欠く表現が有り得ず、「に」の役割が不可欠な情報であって、前掲2とは別の事例である。

3　あなたには愛を届けたい。

4　彼には朗報だ。

どちらも状況成分、すなわち、場所・場面を表す「に」とは考えにくく、「状況題目提示」とは見做せない。なれば、青木によっても非題目ということになる。しかし、それらは対比の用法に特定されるものでもなく、(11)「絶対的な取り立て」としての主題用法の例とも解することができる。それらを単純に「あなたに対して愛を届けたい」「彼にとって喜ばしい出来事である」の意味で解し、そこに「他の者には愛を届けたくない（が）」とか「他の人には喜ばしくない出来事だ（が）」のような対比的含みを想定しない解釈である。「に」が主題用法となるについては、野田尚史（一九九六）に次の指摘がある。

「～に」のなかで、もっとも文の主題になりやすいのは、「弟に特技がある（こと）」、「弟にタイ語がわかる（こと）」、「弟に休養が必要（なこと）」の「～に」のように、所有や可能や必要の主体を表すものである。（22頁）

この論述によれば、3の「あなたに」は行為の対象、4の「彼に」は事態の主体ということになろうが、そのようなものも主題（半藤注、本書で言う題目）になり得るということになる。

例文3・4は「に」の役割が不可欠であり、しかも「あなたに愛を届けたい」「彼に朗報だ」が既に判断文を作っていることで「は」が使用され易い状況にある。このときの「は」は、例文2のように文全体を支えるということよりも「あなたに」と「愛を届けたい」、「彼に」と「朗報だ」の連用修飾関係を二分結合して事態承認し、それらが判断文の構成素であることを明確にする役割にあると考えられる。(12)「は」の前項「あなたに」「彼に」は、「は」による判断文としての前項である。「判断文としての前項」という観点からは「は」の前項が体言か格成分かは問題にならない。例文1・2も「判断文としての前項」である。

「は」の前項と後項との関係性よりも「は」構文全体の表現性という観点を優先すれば、後述のように構文的な枠組みにとらわれない題目の規定が浮上する。

六、「取り立て」と題目

尾上圭介（二〇〇四）は「題目語という概念をどう規定するかについては定説はなく（ありえず）、どう規定しても誤りということはない。結局は、なにを目指してどう定義することが文法論の全体にとって有効かという観点から議論するしかない」（22頁）と述べる。題目の規定には、他の文法概念との関係を考える必要がある。題目を「は」において把握し、その「は」が係助詞であることからすれば、本書として題目の規定に重視すべきは、まずは係助詞の働きであると考える。

係助詞が持つ係機能を「取り立て」機能と考える半藤は、題目の規定を「取り立て」と連関するものとして捉える。半藤英明（二〇〇三）、および、本書・第六章で述べたように、「は」の用法には、対比性の観点からは主題・対比の区別、構文上の位置からは体言下接・連用語下接・連語内（「見はする」の類）の区別がある。半藤は、それら全ての用法が「取り立て」機能に基づくと考えるが、そのような理解の、どこに「題目」を位置付けることが有効か、ということである。

係助詞「は」の「取り立て」機能は、絶対的な様相でも相対的な様相でも発動し、表現上、前者は主題用法、後者は対比用法として現れる。この理解では、丹羽のように「題目」と「主題」とが同一のものとはならない。丹羽は、いわゆる主題用法で非対比の用法である「題目用法」、および、主格での対比用法のどちらにも「題目」の存在を認める。が、「題目」と「主題」が同じものであれば、「題目用法」は「主題」の用法ともなり、一方、対比用法にも「主題」の存在を認めるということになって「主題」と「対比」とが対立的なものではなくなる。しかし「題目」と「主題」とを別のものとし、「題目用法」を「主題用法」とした上で、非対比の主題用法にも対比用法にも「題目」があるとすれば、題目の概念は、主題・対比という用法上のものとは別の概念に位置付けることができる。つまり、「主題」と「対比」とは、対比性の有無により、対立的に捉えられる用法上の概念であり、題目は、それとは別次元の概念とし得る。

「は」の文法機能として本質的な働きである「取り立て」機能は、連用成分に影響されることはあっても（例えば、格助詞、副詞に下接の「は」は対比用法になり易い）、そのことで変質・変化するようなものではない。「取り立て」が体言同士や連用修飾関係、連語内など、さまざまな語句の結合に発揮され、総じて判断文を作ることでは、題目は「は」によってなる判断文の構成内で把握されるのが良いと考える。

現象文と判断文の観点では、次のように存在を表す動詞述語文（例文では主語を省く）は前者である。

・庭にいる。
・壁に飾ってある。

また、次のように動作を表す動詞述語文も、現象文の扱いができる。

・親に貸す。
・裸で走り出す。

どちらも形式上は主観的判断の介入がなく、内容上の客観性が高いことでは判断文とならず、「現象」の「描写」とは呼べないにしても、その範疇に置くことができる。しかし、それらに「は」を入れ込むことで、次のような、対比性のある判断文ができる。なお「裸で走り出す」については「は」の付きにくい成分と見られ、「は」を持ち込むと否定文の方が安定する。この点は、野田尚史（一九九六）・第22章を参照されたい。

・庭にはいる。
・壁には飾ってある。
・親には貸す。

・　裸では走り出さない。

これらの判断文は、「は」が前項と後項との結合を担うことで成立しているものであり、「は」の前項と後項とは判断文を構成する上での直接的な、且つ、主要な構成素である。これらの「は」の前項が判断文の主要構成素と認識されるについては、それらを、例えば「何処にもいないのだろうか」や「何処にも飾ってないのだろうか」、また「誰に貸すのか」や「走り出さないとすれば、どんな姿か」のような質問の表現に応ずる回答文として把握するとき、特に顕著である。

・　(質問)　何処にもいないのだろうか。
　　(回答)　庭にはいる。
・　(質問)　何処にも飾ってないのだろうか。
　　(回答)　壁には飾ってある。
・　(質問)　誰に貸すのか。
　　(回答)　親には貸す。
・　(質問)　どんな姿ならば走り出さないか。
・　(回答)　裸では走り出さない。

いずれも「は」の前項がトピック的な要素であるが、前項と後項とが判断文の主要構成素であることは明らかである。

菊地康人（二〇〇二）は「ハの文が成立するための最も本質的な条件は、形よりも意味である」（9頁）と述べている。判断文の主要構成素たる「は」の前項という観点では、成分上の違いよりも、後項との意味的な結び付きが重要になる。かつて大野晋（一九七八）は、「は」の前後二項の意味的な結び付きを次のように述べた。[13]

ハの上におかれるものは既知のもの、既知と扱うものである。それは題目であり問いを形成して、主格・補格・目的格のいずれであるかを問わない。かつ、ハのところで一度切断する。ハの下には何か知られていない情報が加えられ、それがハの上の題目についての説明となって、判断の文が成り立つ。（31頁、傍線半藤）

また、森田良行（二〇〇七）には次の説明がある。

判断文は「何は？」と「何だ」の二部構成で、時には二者の問答の形で構成されることもある。「帰る燕は木の葉のお船ネ」（野口雨情）は、質問「帰る燕は？」に対して「木の葉のお船ネ」と答える問答形式を取っているのである。そのため、時に解答は、話題の事柄や場面からの類推で察しがつく場合、必ずしもその題目についての属性や働きそのものを述べるのではなく、自由に連想によって答えを示していく。[14]（161〜162頁、傍線半藤）

それぞれの傍線部は、「は」の前後二項の結び付きが融通性を有していること、「は」構文による判断文が「は」の前後二項の論理的構成に必ずしも拘らないことを示している。従って、判断文の主要構成素となる「は」の前項を

「題目」と捉えるならば、題目の概念は、格助詞の有無とは関係しない、文の表現構成上の概念という位置付けになる。前掲「庭にはいる」以下の例文とは別に、「ゆっくり（と）は食べない」「少しは感じるだろう」など、副詞を承ける「は」についても、例えば「君は、早食いか」や「彼は、何も感じないのだろうか」のごとき質問の表現に応える回答文として見れば、それらはトピック的な要素となり、「判断文の主要構成素たる前項」という認識が可能となる。(15)

題目を名詞、および、名詞句以外にも広く認めるについては、結果として、一早く「題目」の語を用いた松下大三郎に立ち戻ることである。松下大三郎（一九七四）では「題目語は提示的修用語の一種であって思惟作用に於ける判斷の對象を提示するものである」（712頁）として「花は咲く」（＝主體の題目語、714頁）を始め、「花をば見る」「花は見る」「都には上がる」「人とは交る」「家よりは出づ」「雪よりは白し」など（＝客體の題目語、同頁）を挙げている。松下の題目とは、係助詞の「取り立て」機能の実体を反映するものであり、また、それを示唆するものであったと言い得る。

但し、本書では、松下が題目とする「長くはなる」「静にはす」「絶えはせぬ嘆き」「探求はせず」など、連語内の「は」は、通常では題目になりにくいと考える。

次例のような「は」の前項も、前記の例文と同様に、例えば「（そんな時は）どうするか」「どう思うか」のような質問に応える回答文としては、トピック的な要素と見做すことが可能かと思われる。

・　笑いはする。
・　泣きはしない。

・ありがたくは|ある。
・美しくは|ない。
・食べては|みる。

しかし、このような「は」の表現形式は、本来が述語として「笑う」「泣かない」「ありがたい」「美しくない」「食べてみる」という一つのまとまりにあるものを敢えて二項に分けつつ再結合し、強調するものである。それらが判断文を作ることは疑いないが、実例によれば、このような表現形式は、ほぼ「は」構文の述部として用いられる。

5 あの「首」はどうなってしまったのか、久永**は**片時も忘れは|しなかったが、それを調べることのできるような雰囲気ではなかった。
（内田康夫『「首の女」殺人事件』角川文庫）

6 光太郎の本物の蟬を見て、もう一つの「蟬」が贋物であったことに気付いたというの**は**、あり得なくは|ない。
（同）

7 橘家の用向き**は**明確では|ない。
（伊藤博『萬葉のあゆみ』塙新書）

8 むろん、これらの事柄**は**越中で知っては|いた。
（同）

9 生まれいずる生命に悲しみを感ずること**こそ**、真の詩人では|ないのか。
（同）

10 そこで**は**、曹操と時代を同じくして生き、彼とさまざまな関係をもって〈三国志〉に彩りを与えた英傑たちの軌跡にもいささか触れは|したが、ともかくそこでは曹操を中心にすえるという趣旨から、ほとんど深く追求することなく終わってしまった。
（竹田晃『三国志の英傑』講談社現代新書）

これらの判断文での主要構成素は、**太字**の「**は**」「**こそ**」を境とする前後二項であり、「は」を含む述部は主要構成素の後項部分である。つまり、述部の「は」の前項を題目と扱うことはすべきでない。連語内の「は」が判断文の主要構成素たる前項を作ることは、基本的には想定外とすべきことである。

一文中に「は」が重複する場合は、より上位のものに判断文の主要構成素を作る資格が与えられると考えられ、次例についても判断文の主要構成素は、**太字**の「**は**」を境とする前後二項となるであろう。

11　今日**は**、私は行かない。

12　私**は**、今日は行かない。

但し、傍線部の「私は」「今日は」は、より上位に題目の存在があることで、自ら題目として立つ資格を喪失しているのであり、全く題目たり得ないということではない、と思われる。5〜10の傍線部と比べれば、それらは題目としての資格を保持しつつ、題目として立つことを結果的に潜在化している、とすべきであろう。

七、むすび

「は」構文は、「は」の前項と後項との二項により判断文の構成に関わる。このとき「は」の前項がその判断文の主要構成素であれば、これを「題目」と見做す。(16) 題目が「は」による判断文の主要構成素となる二項のうちの前項であるからには、青木の述べたように、題目は一文に一つが原則となる。なれば「は」構文で非題目となるのは、述部となる連語内用法の前項部分と、一文中に複数の「は」が現れる際の最上位のもの以外である。

従って「は」の構文上での現れ方によっては、承けるものが同じものでも題目・非題目で分かれる場合がある。

・私は会わない。　↓「私は」は題目
・私はあなたとは会わない。　↓「私は」は題目、「あなたとは」は非題目
・あなたとは会わない。　↓「あなたとは」は題目

注

(1) 青木の立場は「ハ助詞によって提示された真の題目は、もはや格成分ではなくなったと見なければならない。成分として名称を与へるならば題目成分とする他ない」(113頁) というものである。
(2) 青木は、重文の場合は主節、従属節の区別をせず、それぞれが単文の資格にあると見ている。399頁。
(3) 「日本語の基本的な語順」からすれば、合文では前文が従属節、後文が主節である。益岡隆志（一九九七）４頁を参照。しかし、従属節でも単文の資格と見做される場合の「は」は、題目となる。
(4) 「時」が題目となるものもある。

・クリスマスには|パーティーをする。

(5) 但し、尾上圭介（二〇〇四）では「要件①―aというのはかなり感覚的なものであるので、個々の例において①―aが満たされているかどうかを判定することは本質的に困難な場合があるということを覚悟しなければならない」(28頁) と

しており、「題目語と呼びたいものの輪郭は、実ははっきりしない」（22頁）と述べている。

（6）堀川が「広義題目化」の例とするもの（38頁）のなか、「加藤先生には先日相談しました」「広場ではコンサートが行われている」「北海道からはじゃがいもが届いた」「秋田までは列車が混雑していた」は、青木の「状況題目提示」に相当し、また「花子とは先日デートした」は、青木では対比用法と見做されると考えられる。

（7）丹羽によれば「課題構造」は、本章で後述する「は」の四用法すべてに関わる特性である。11頁。

（8）丹羽の「題述関係」は「は」のみが構成するものではなく、「って」「なら」「こそ」や無助詞の形式など、様々なものによって構成されるが、本章では「は」をのみ検討する。

（9）野田尚史（一九九六）には「「日本には温泉が多い。」と「日本は温泉が多い。」のように、どちらでも言えることも多い。」（27頁）とある。

（10）例えば、丸山直子（一九九六）には、無助詞の形式が格助詞の省略とは考えられないとの指摘がある。

（11）丹羽によれば、題目でも対比でもない「単純提示用法」の可能性がある。

（12）尾上圭介（二〇〇四）には次の記述がある。

「は」という係助詞がXとYの間にはいって「XはY」という形をとったとき、「は」はXとYの結合の成立を分説的に承認する。Xは格成分であっても修飾成分であっても接続成分であっても、連用的な成分であればなんでもかまわない。あるいはそれらのいずれでもない場合さえありうる。要は、XとYとがつながってひとつの文的事態を表現するということがなんらかに保証される場合は、「XとY」という文（あるいは句）が成立するのであって、（第1種）係助詞とはそういうものである。（35頁）

（13）「は」の前項・後項の結び付きが意味的補助により伝達情報として整えられることによっても「は」構文が成立する。半藤英明（二〇〇三）・第一部第三章。

（14）森田は、基本的に、名詞、および、名詞句を想定していると思われる。

（15）「恐らく」（陳述副詞。渡辺実では「誘導副詞」）は「恐らくは感じる」のように「は」を下接するが、この「は」は強調のものであり、「恐らくは」が判断文の中心的要素であるとは見ない。

（16）半藤の立場は、係助詞「も」「こそ」や転位陰題文を作る「が」、「って」などによる、「は」以外の題目をも容認するものである。それらについては「は」による題目との用法上・構文上の違いを考慮し、ここに一括して「題目類」としておくが、次章において再考しつつ、微調整する。

参考文献

青木　伶子（一九九二）『現代語助詞「は」の構文論的研究』笠間書院
大野　　晋（一九七八）『日本語の文法を考える』岩波新書
尾上　圭介（一九八一）「『は』の係助詞性と表現的機能」『国語と国文学』第58巻第5号
――――（一九九五）「『は』の意味分化の論理―題目提示と対比」『言語』第24巻第11号
――――（二〇〇四）「主語と述語をめぐる文法」『朝倉日本語講座6　文法Ⅱ』朝倉書店
菊地　康人（二〇〇一）「〈形〉と〈意味〉を結ぶ〈文法〉を追う魅力―「は」や、とりたての構文を例に」『国文学　解釈と教材の研究』第46巻第2号
黒田　成幸（二〇〇五）『日本語からみた生成文法』岩波書店
丹羽　哲也（二〇〇四）「主語と題目語」『朝倉日本語講座6　文法Ⅱ』朝倉書店
――――（二〇〇六）『日本語の題目文』和泉書院
野田　尚史（一九九六）『新日本語文法選書1　「は」と「が」』くろしお出版
半藤　英明（二〇〇三）『係助詞と係結びの本質』新典社
堀川　智也（二〇〇五）「『典型的な題目』の意味的立場」『日本語文法』5巻1号
――――（二〇〇七）「私の日本語学・文法研究から―題目語と格成分の関係―」『日本語学』第26巻第10号
益岡　隆志（一九九七）『新日本語文法選書2　複文』くろしお出版

――――（二〇〇七）書評「丹羽哲也著『日本語の題目文』」『日本語の研究』第3巻4号
松下大三郎（一九七四）『改撰標準日本文法』徳田政信編、勉誠社（一九三〇年に中文館書店から刊行）
丸山　直子（一九九六）「助詞の脱落現象」『言語』第25巻第1号
森田　良行（二〇〇七）『助詞・助動詞の辞典』東京堂出版

第八章　真の題目と題目の範囲

一、論点

「は」構文は、係助詞としての「取り立て」機能により「は」の前項と後項との二項を以て判断文の構成に関わる。最もシンプルな構造の文で見れば、次例では前項（ここ）と後項（熊本だ）が判断文たる「は」構文の構成素である。

・ここ　は　熊本だ。

前章では、「は」の前項がその判断文の主要構成素であるものは「題目」と見做す、と述べた。(1) すなわち、上記の「ここ」は題目である。なお、「は」が題目の要件であると見れば、「ここは」と「は」を含むところまでを題目とすることもできる。

判断文の主要構成素であるものは「は」の前項の表現形式に関係せず、例えば、次のように「に」格（ここに）であっても題目と捉える。半藤の題目相当語の範囲は、従来のものよりも広く、松下大三郎の規定に近い。

・ここに　は　来ない。

但し、題目の規定をそのように「判断文の主要構成素となる二項のうちの前項」とするならば、「は」以外の助詞がもたらす判断文についても、題目の存在を認めることになる。係助詞「も」「こそ」は「は」の表現内容とは別物なるも、判断文を作り、他にも口頭語「って」が判断文を作る。また、格助詞「が」の構文も判断文となり得る。(2)

本章では、係助詞として「は」と同様の「取り立て」機能を有する「も」「こそ」の前項を題目と判断することの妥当性について論ずる。なお「って」「が」については、係助詞の働きとは別の論点が必要となるため、取り上げない。

二、係助詞の判断文

「は」が「取り立て」機能に伴って題目―解説の構造をなす判断文を作るという特徴を持つのに対し、「も」「こそ」の表現上の個性は、基本的に、含蓄的なものである。従って、「も」「こそ」の場合は、その発話内容と絡む話題があらかじめ存在することが、ほぼ成立の要件となる。

・ここ　も　熊本だ。
・ここ　こそ　熊本だ。

どちらも初出の場面では使用されず、「…は熊本だ」のように「どこかの場所が熊本だ」と判断したような話題を受けて発話が可能となる。そのような「も」「こそ」の前項と初出が可能な「は」の前項とを一律に題目と見做し得るかという疑問はあり得るが、しかし、「判断文の主要構成素となる二項のうちの前項」という観点からすれば、それらは区別されるものではない。結局、論点は「は」「も」「こそ」それぞれの前項の異質性と同質性のどちらを重視するかということになる。

この点に関し、本章で重視するのは、前章[3]では扱わなかった係助詞と連体句（＝連体修飾句）との関係である。大島資生（二〇〇三）は、連体修飾節（＝連体句）の意味的な機能を「属性限定」とし、「主名詞のもつ複数の属性の中から一つの属性を取り出す」働きとする[4]。このとき、連体句による後続名詞の修飾限定をダイレクトに担うのは、連体句の述語である。そこには判断のモダリティ形式は（一部）あり得ても、伝達のモダリティ形式は現れない。（以下、＊＝非文、？＝許容度が低い、とする。）

・　犯人らしい人物
・　受かるかもしれない試験
＊　犯人な人物
？　これから住むだろう家

益岡隆志（一九九七）は、連体句がモダリティレベルの要素を取りにくいとした上で、次のように述べている。

名詞修飾の基本形が命題のレベルを超えないのは、その表現の主要素である名詞が表現主体からは独立した対象の領域に属することと関係するものと思われる。主要素が命題の領域を超えることがなければ、それを限定する要素もまた命題の領域を超えることはないであろう。名詞を限定する表現は、名詞の指示対象をしぼり込む働きをするだけであり、表現主体が関わるモダリティの領域に踏み込むことはないものと考えられるからである。（42頁）

上記のように「名詞を限定する表現」が「モダリティの領域に踏み込むことはない」ということは、連体句が全体として客観性を帯びていることを示唆している。名詞に対し、その属性を貼り付ける連体句では、表現のあり方として事態の客観性に重きが置かれ、発話者の主観性が反映されにくいと考えられる。

このことは、連体句での「は」の用法とも関わる。既に明らかなように「は」構文は連体句中に収まることがほとんど無く、「けれども」「が」による既定逆接条件を除く条件文中にも用いられない。[5] これは「は」が主に題目―解説の構造をなす判断文の構成を特徴とすることに伴う結果的事態である。

青木伶子（一九九〇）は「題目提示のハは、文の表現構造を、最も基本的な対立二項として決定するものであるから、当然、主文に対して働くものであり、間接成分に対しては働かない」（8頁）と述べている。その「最も基本的な対立二項」を顕著にする表現構造が「ここは熊本だ」のような題目―解説の構造である。

題目―解説の構造によって発話者の判断を表明する「は」構文は、恒常的な事態（例、地球は丸い。）を述べる場面を除けば、極めて主観性が強い。連体句として「主名詞のもつ複数の属性の中から一つの属性を取り出す」過程では、事態の客観性が無視できないからこそ主観的な「は」を使いにくく、従って、連体句中の「は」構文は主題用法にはならず、対比用法で現れる。連体句中で「は」の主題用法と見えるものは、概ね、不自然な文例である。

・　彼は受かるかもしれない試験
？　男は着ないだろう服
・　男は着ない服

この点については、野田尚史（一九九六）が「強い従属節（半藤注、主文への従属度が高く、独立度が低い従属節）は内部に主題をもてないので、強い従属節の中では「は」が使われず、「が」が使われる」（174頁）と述べている。

・　彼が受かるかもしれない試験
？　男が着ないだろう服
・　男が着ない服

実例でも見てみよう。

1　これは季語にかぎることではなく、およそことばの意味はすべて同じような基礎の上に立っていることに思い至るのである。

（外山滋比古『省略の文学』中公文庫）

2　無理にも終わらせたい事件であり、マスコミが報道しないのは、終わった証拠だと、自分を強引に納得させようとするそばから、知らないところで捜査が進められ、司直の追及は、徐々に身辺にせまりつつあるような恐怖におびえた。

（森村誠一『黒魔術の女』ハルキ文庫）

1の連体句は「ことばの意味はすべて同じような基礎の上に立っており、季語だけが基礎の上に立っているものではない」の意、2は「マスコミが報道しないのは、云々」との対比で「司直の追及は」と続いており、ともに主題の「は」にならないが、しかし、「が」を使用せず、対比の「は」を使用することからは、対比の「は」もまた主文への従属度が高く、独立度が低い従属節に使用されるものであることを示している。

繰り返すが、係助詞の中で「は」は主題用法を特徴とするが、「も」「こそ」はそれぞれ類示用法、卓立用法を特徴としており、どちらも対比的な用法である。(6) そのため「も」「こそ」は、「は」の対比用法と同じように、連体句中の主語（「が」格）の位置に立つことができる。そのような事実から「も」「こそ」を「は」とは別の助詞範疇とする見方があるが、私見では、そのような事態が助詞の本質を決定することにはならない。

・　私も入りたい大学

・　日本こそ果たすべき責任

つまり「は」「も」「こそ」がいずれも判断文の構成に関わるとしても、主題用法の構成に関わる「は」は連体句に収まり得ず、専ら主文で判断文を作り、一方、対比的な用法の構成に関わる「も」「こそ」（および対比の「は」）は主文で判断文を作るのみならず、連体句にも収まるのである。このことは、主題用法と対比的な用法のそれぞれの構文を同一の構文とは扱えない事実を示している。

但し、「は」の主題用法と対比用法は決して不連続ではないから、[7] 主文においては「は」の主題用法も対比用法も、ほぼ同じ性質の判断文を作っていると見なければならない。なれば、それらの文のタイプ・構造が連体句と如何に関わるか、あるいは、連体句に収まる対比用法が如何なる文のタイプ・構造に変質しているか、ということが問題になる。

三、連体句と対比用法

主文における「は」「も」「こそ」の判断文が連体句中で如何なる性質にあるかを今少し確認したい。「は」は、格助詞を上接するとき、対比用法になる傾向がある。

・（この話について）君には関係ない。（→私には関係ある。）

・（この問題について）彼では解けない。（→私には解ける。）

このような対比用法では、「は」に代えて含蓄的である「も」「こそ」を使用することができる。

・（この話について）君にも関係ない。（→私には関係ない。）
・（この問題について）彼でこそ解ける。（→私でも何とか解ける。）

それらは一様に、次のように連体句中に収まることができる。

・君には関係ない話
・彼では解けない問題
・君にも関係ない話
・彼でこそ解ける問題

このことは「も」「こそ」が「は」の対比用法と同じように連体句中の主語（「が」格）の位置に立ち得ることをも含め、「は」の対比用法と「も」「こそ」の用法が用法上・構文上の近似性を有していることを示すものである。主文においては「は」の主題用法のみならず、「は」の対比用法、「も」「こそ」の用法が、いずれも判断文を構成することが否定されない。しかし、「は」「も」「こそ」が連体句に使用される際には「は」の主題用法が許されず、対比を帯びたものでなければならない。このことは、連体句というものが係助詞（とくに「は」）の使用に対して何らかの制限を加えるものとなっていることを推測させる。

益岡隆志（二〇〇九）には「日本語の連体節表現の特徴は、主名詞とそれに先行する修飾節のあいだの多様な関係的意味が形のうえで明示されないという点である」（19頁）とある。これは、連体句の意味が文法形式以外のものに影響を承けるということであり、なれば、連体句内では「は」のように構文構造が明示的で構文的構成力の強い助詞が使いづらい環境となる。しかも、連体句に対比（および対比的）用法のみが許される事態は、それらが主題用法とは異なる用法上・構文上の特性を持つことを示すものである。

題目提示の「は」が間接成分に対しては働かないのは、間接成分の表現が客体化という観点から把握できることとも関わる。井口厚夫（一九九五）では「連体修飾節内に主題の「ハ」が生じる場合、その「ハ」を含む内容節はコトとして客体化されている」とされ、「主観的要素をコトとして客体化する性質上、被修飾名詞は、コト、またはコト性の名詞になる」と述べられる[8]（26頁、「客体化」は「客観的に事実としてみなすこと」、24頁）。すなわち、主文における「は」の判断文は、間接成分たる連体句では客体化する、ということである。

井口によれば「いずれにしても主題の「ハ」は、ある要素を特別に取り立てるのであるから、主観的な要素であることは否めない。こうしたムード的要素のコトとしての認識は、いわば、言葉を換えれば「主観的要素の客体化」ということになる」（25頁）ということである。これは、連体句では発話者の主観性よりも事態の客観性に重きが置かれる（前述）ということと根底で同義であろう。丹羽哲也（二〇〇六）は、「連体修飾関係は、Xに限定を加える・情報を付加するためのもので、その働きを成り立たた《ママ》せるために主体と属性・状況の関係が成り立てばよく、題目文のように、その文脈において適切な属性・状況の説明になっているか否かということが関与する度合が小さい」（341頁）と述べており、「は」との関係から連体句の表現が客観度を高くしていることを説いている。

このような観点からすれば、主題用法の「は」が連体句に現れにくい事態は、その表現全体が客体化しにくい性質にあること、一方で、対比用法の「は」が表現としての客体化を許す性質にあることである。そこから判断して「も」

「こそ」の構文は、主文で判断文を構成するものの、潜在的には表現としての客体化を許す性質にあるということである[9]。

四、係助詞の客体化

主文における「は」「も」「こそ」の判断文については、モダリティ形式の現れ方に大差なく、用法上の違いを除けば、判断文として決定的に異なるということが言えない（但し、卓立の「こそ」は、最上級の事物を選抜するという働きゆえに、「かもしれない／らしい」等は取りにくい）。

・彼は男　だ／だろう／かもしれない／らしい／にちがいない
・彼も男　だ／だろう／かもしれない／らしい／にちがいない
・彼こそ男　だ／だろう／にちがいない

しかし、連体句で対比の「は」「も」「こそ」が成立することを考えれば、主題用法の「は」構文が常に判断文としての性質を強固にし、客体化せずにいる一方、対比用法の「は」、および「も」「こそ」は、常に判断文としての成立を優先するものではなく、客体化を許し、連体句中に取り込まれて後続の名詞を修飾限定することにも働き得る性質にあるということになる。

このことは、実例として連体句中の「は」「も」「こそ」の述語が判断のモダリティを伴いにくいことからも、推察されることである（前例1、2も参照）。

3　これは学校でなくてもできることだが、学校もまた、当然そういうことをしていかなければならないことである。（斎藤喜博『君の可能性』ちくま文庫）

4　「もうあなた達への御恩はとっくに返した筈です」（半藤末利子『夏目家の糠みそ』ＰＨＰ文庫）

5　自分ひとりだけでは出せないような力を、どの人間にも出させ、それをどこまでも引き出し、高めていくことのできるところである。（『君の可能性』）

6　女性もウエストポイントに入学を認められることになった、と私は新聞で知った。（『夏目家の糠みそ』）

7　けれども冷静に客観的に見れば、そういう父親もまた、ひどい苦しみを持っていることを知ることができる。（『君の可能性』）

8　けれども生徒といっしょになって追求し考えているうちに、思いもおよばなかったような世界へはいっていくことができるのである。（同）

9　そういう能力をこそ、学校のなかでつくり出さなくてはならないことである。（同）

これらの述語（傍線部）は、判断のモダリティを有する例文9の他は、状態性のものと判断でき、客体化した表現になっていると見ることができる。例文5、8のように「ような」を介して後続の名詞を修飾限定するのは、連体句全体が帯びる筈の主観性の客体化をはかろうとするものである。いずれもが事態の客観度を高くすることでは、表現される事態が必然的であることを示すような判断のモダリティ（「らしい」「かもしれない」「にちがいない」「ねばならない」など）が述部に現れることは排除されず、そのような環境のなかで、例文9は成立すると見られる（但し、半藤は例文9に違和感がある）。

「は」の主題用法の場合、その「は」の働きは、題目―解説の構造を作ることに伴って発話者の判断を表明することに優れているため、文は主観的判断そのものとなる。そのような文は、当然、名詞を修飾限定して全体として客体化するような状況に馴染まず、常に主文として表現化される。一方、「は」の対比用法や「も」「こそ」の用法は、主文においては、「取り立て」機能に基づき、それぞれの助詞の個性に即して発話者の判断を表明することになるが、連体句中においては、表現全体が客体化に向かうことで、本来の「取り立て」機能が弱められ、同時に、表現全体の主観性も弱まると考える。つまり、連体句というものが、その内部において、係助詞の使用に何らかの制限を加える、つまり、連体句中に係助詞が収まる上で何らかの要件があるとすれば、それは、連体句全体の客体化の可否と連関している、ということである。

このことからすれば、係助詞「は」「も」「こそ」が連体句中に使用される場合、その「取り立て」機能は、本来の構文的な働きを弱め、対比的含みの形成をメインとすべく意味的な働きを強くし、「取り立て」に基づく主観的な判断文の構成を放棄してしまう状況にあるのではないか、と考える。これは、連体句内では「取り立て」機能が無実化するということである。

青木伶子（一九九〇）は、「は」の対比用法について「対比とは、その結合（半藤注、「は」構文の前後関係）と、並行する他の結合（半藤注、対比的要素）との対比である。（中略）従って、題目提示として、すなはち表現構造の決定としては働かない」（3頁）と述べて、「は」の主題用法と対比用法の、文の構成上の違いを述べた。私見では、主文においては「は」の表現構造が主題用法と対比用法とで別物であるとは思えない。それは、両用法に連続的な面があるからであるが、両用法に段階差のあることは認められる。
野田尚史（一九九五）は「主題の「は」は、事態にたいするムードの階層で働くもので、確定のムードと呼応するのである（半藤注、野田は推量のムードとの呼応も認める）。これは、主題の「は」は、肯定否定の階層で働く対比の「は」より外側の階層で働くということである」（20～21頁）と述べている。そのような階層差を、本書では、以下のように読み替える。

「は」構文の主題用法では「は」が文の構造を決定し、そのことが構文形成上の要件になっているのに対し、対比用法では文の構造の決定よりも優先すべきものとして含蓄的な意味の形成があり、そのため、文の構造の決定が要件にならない場合がある。

連体句での「は」の対比用法、「も」「こそ」の用法は、上記の点に基づいて成立している表現であると思われる。[10]
ところで、係助詞「は」「も」「こそ」に対して一律に「取り立て」機能を認める半藤の立場としては、主文での「も」「こそ」が文の構造の決定に何ら関与しないとは考えにくい。なれば、主文での「は」の主題用法・対比用法と「も」「こそ」の用法は、文の構造を決定しつつ判断文を作り、連体句での「は」（対比用法）と「も」「こそ」は、判断文を客体化した形で意味の実現をはかるための要素になっていると見るのが最も妥当なところとなる。

五、真の題目

ここにまとめれば、係助詞の全体は、主文においては、個々の助詞の「取り立て」機能により、それぞれの判断文を作る。しかし、判断文たる「は」の主題用法が連体句中には現れず、対比用法（対比的用法）のみ使用できる点から、連体句中の用法は判断文としての主観性を減じた表現であり、判断文を客体化したもの（「客体化した判断文」ではない）、すなわち、もはや判断文の資格を持たないもの、と判断する。

この立場から、題目の範囲を以下のように設定する。前述のように「判断文の主要構成素となる二項のうちの前項」ということからすれば、

① 主文の「は」（主題用法）の前項
② 主文の「は」（対比用法）の前項
③ 主文の「も」の前項
④ 主文の「こそ」の前項

が題目である。但し、②③④は、連体句として全体的に客体化し得る性質を潜在的に備えていると考えられることから、それらのなかで、題目たる題目は①であり、②③④は①に準ずる題目である。つまり、題目の範囲は①～④の全体であるが、①こそが「真の題目」つまりは、題目の代表格であり、②③④については題目なるも、仮に「準題目」

と呼ぶ。なお、題目の中核的な要件としては主題用法であることが最も重視され、前章で述べたように表現形式（体言か格形式か、など）については問題とならないことを、ここに確認しておく。[11]

また、間接成分である連体句に現れる対比用法の「は」、並びに、「も」「こそ」の前項は、それらの助詞が本来的に構成する筈の（主文としての）判断文を客体化したところに存在していることを以て、題目とはならない。

要するに、本書としては、題目とは、係助詞による文法的な「取り立て」機能が発揮される環境において存在する表現構成上の概念である。

本章は、前章で「は」の前項をほぼ一律に題目と扱った点を補正したことになる。また「も」「こそ」、および「って」「が」の前項を「は」との区別において一括して「題目類」とした点についても、上述のことからは「準題目」と「題目類」とに再編したことになる。[12]

注

（1）前章では、①題目は一文に一つが原則となること、②一文中に複数の「は」が現れる際は、最上位のものが題目となること、③述部となる連語内用法の前項部分（例、彼は死にはしない）は非題目であること、も述べているが、それらは、あくまで「は」の主文を考察対象としたものである。

（2）例えば「転位陰題文」「状況陰題文」などが指摘される。仁田義雄（一九九一）参照。

（3）本書・第七章のこと。以下「前章」はこれを指す。

（4）大島は、この「属性限定」を基本としつつ、別の「集合限定」というものを設定し、それらの限定が「複数の事物の中からあるものを取り出す」働きにおいて共通すると説く。91～92頁。

（5）青木伶子（一九九二）407頁。
（6）類示用法、卓立用法については、半藤英明（二〇〇三）参照。
（7）半藤英明（二〇〇九）参照。益岡隆志（一九九一）には「主題のハと対比のハには対立的な面と連続的な面の両面があり、どちらか一方だけを強調するのは適切ではないと考える」（218頁）とある。野田尚史（一九九六）第28章（274〜276頁）にも指摘がある。
（8）井口は「客体化という過程を最も受けやすいのは客観的事実として確定している真理などに関する内容の節である。これ以外の内容の客体化が不可能なわけではないが、どこまでを客体化するかは個人差がある」（26頁）とも述べている。
（9）沼田善子（二〇〇九）は、対比の「は」を含む「も」「こそ」などのいわゆる「とりたて詞」について「1語の中に客観的なコトガラ的側面と主観的な側面が二重に存在するといった見方が、とりたて詞においても必要となる」（30頁）と述べている。このことは、論述の趣旨は異なるが、対比と客観性との関わりを考えるものとして認識を共有するものである。
（10）私見では「は」の対比用法と「も」「こそ」の用法は同じ階層にあると考えるが、野田尚史（一九九五）は「主題の「は」は、同類の「も」とは別の階層で働くということでもある。同類の「も」は、対比の「は」と同じ肯定否定の階層で、対比の「は」とたがいに対称的なペアとして働いている」（21頁）と述べつつ、「特立の「こそ」は、事態にたいするムードより外側の、聞き手にたいするムードの階層のものだ」（22頁）としている。
（11）丹羽哲也氏は、半藤への私信で「私はあなたとは会わない」の「私は」を題目、「あなたとは」を非題目とする（「題目として立つことを結果的に潜在化している」とした）私見について「その非題目を積極的にはどういう名称で呼ぶのか」と問われた。連体句中のものをも含め、題目となる筈のものが他の諸条件により非題目となっているものは「題目の資格を保持しつつ題目とはなっていない」の意味で、ひとまず「擬似題目」としておく。なお、半藤は、現在、益岡隆志（二〇〇〇）が指摘する「二重主題」（119頁〜）を認める立場にない。
（12）「って」については「というのは」と同等と見れば、その前項が「真の題目」となる可能性がある。なお「が」構文において題目の資格にあると認定される項については、本書では「題目」そのものではなく「題目類」としておく。

参考文献

青木伶子（一九九〇）「「は」助詞と連体修飾」『成蹊大学文学部紀要』第26号

――――（一九九二）『現代語助詞「は」の構文論的研究』笠間書院

井口厚夫（一九九五）「主題「ハ」を含む連体修飾節の客体化」『國學院雑誌』第96巻第11号

大島資生（二〇〇三）「連体修飾の構造」『朝倉日本語講座5　文法Ⅰ』朝倉書店

仁田義雄（一九九一）『日本語のモダリティと人称』ひつじ書房

丹羽哲也（二〇〇六）『日本語の題目文』和泉書院

沼田善子（二〇〇九）『現代日本語とりたて詞の研究』ひつじ書房

野田尚史（一九九五）「文の階層構造からみた主題ととりたて」『日本語の主題と取り立て』くろしお出版

――――（一九九六）『新日本語文法選書1　「は」と「が」』くろしお出版

半藤英明（二〇〇三）『係助詞と係結びの本質』新典社

益岡隆志（一九九一）『モダリティの文法』くろしお出版

――――（一九九七）『新日本語文法選書2　複文』くろしお出版

――――（二〇〇〇）『日本語文法の諸相』くろしお出版

――――（二〇〇九）「連体節表現の構文と意味」『言語』第38巻第1号

第九章　「二分結合」の再考

一、「は」と「二分結合」

係助詞は「取り立て」機能を持ち、その前項と後項とを結合して情報的に特化し、判断文を形成する。「取り立て」機能の反映として、係助詞は、形式的に、主述構文その他、多様な表現構成を可能とする。そのような観点からは、現代語の係助詞とは「は」「も」「こそ」と認識できるが、それらの情報伝達のあり方、文意の構成には、当然、違いがある。

係助詞の構文には、通常、題目が設定され、とくに「は」については、題目―解説の構造を支えるものとして「二分結合」という構文的機能が指摘される。「は」のまとまった研究にはほぼ指摘があり、周知のこととしてよい(1)。例えば『日本語文法大辞典』(明治書院、二〇〇一)には「「は」は、一つのまとまりとしての文を「―は」部と述部に区切り、それを改めて結合することによって判断を確立している。このような「は」の働きは「二分結合」と呼ばれることがある」(野村剛史執筆)とある。

半藤英明(二〇〇三)・第四章で述べたように、「二分結合」は「も」「こそ」には認め得ず、係助詞全体のものではない。しかも、私見によれば「二分結合」は、「は」の基本的な働きではない。堀川智也(二〇一二)には「ハが前後を二分するのではない用法がありうるのである」(18頁)とある。

本章では、「は」構文の全てが「二分結合」と認識すべきものであるのかについて考察しつつ、「二分結合」の定義そのものについても検討し、その文法的位置付けを再考する。

二、「二分結合」の内容

「は」構文の内部構造については、言い方は異なるが、かねてより断続関係にあることの指摘がある。すなわち、構文上に「切れ目」があるということである。「二分結合」は、そのことを述べたものでもあるが、その用語の使用は、尾上圭介(一九八二)に始まる。以下、特示しない限り、尾上の論はこれに基づく。本章では、そこから「二分結合」の内容について振り返る。

> 助詞「は」は、何よりも文中の一点に位置するそのことにおいて、一文を二項に分節しているのであり、分節を意識した上で二項を結んでいるのである。「は」の機能のこの面を、以下〈二分結合〉と呼ぶ。(103頁)

尾上によれば、「二分結合」は、「は」構文の非対比(すなわち、主題)・対比というあり方と関わる。

二項の結合の成立如何そのものを対象とする判断は、本質的に、並行する他の結合＝事態への関心を含む。「は」の「排他性」はこのような係助詞としての文法的な働きと一体にして理解されねばならず、それゆえ「排他」とは、第一に、二項の結合そのもの――すなわち句全体の――他からの特立であり、第二に、「は」のすべての用法において指摘できる意味的特性であることに留意しなければならない。（103頁）

〝対比〟の色を与える、あるいは〝題目提示〟をするというこの助詞の表現的機能も、本来文（＝事態）の全体をめぐってのものであって且つ他の並行的事態への関心を含むという係助詞としての意味の個性〈分説性・排他性〉と、係助詞が係りの位置に立つことによって前後両項の関係構成に働くという〈二分結合〉と、この両面の係助詞性によってすべて導き出されるのであった。（117頁）

これらの点から、尾上は「は」の働きを次のようにまとめている。[2]

「は」は、文中係助詞としての〈二分結合〉の働きと意味的個性としての〈分説性・排他性〉とによって、文事態の結合成立を排他的に確認するものであった。（112頁）

これらの論述からは「二分結合」が「は」の基本的な働きのように思える。ここからは「二分」という作用が「は」構文の全てに必要なものかを考える。

上述した構文上の「切れ目」について、尾上以外で少し確認しよう。いわゆる生成文法によれば、主題の「は」を持つ文は、主題の部分とそれ以外とが大きく分かれる構造である。国語学の分野においても、例えば、森重敏（一九七七）は「係の係助詞」である「は」が「句と句とを分節する」としている（260頁）。青木伶子（一九九二）は「題目提示用法としての係助詞をもつものは、表現構造として二項に分かたれた分節文であり、題目提示用法としての係助詞をもたぬものは、表現構造として分節のない文である」（77頁）と説いている。そのような「は」構文の構造をひとまず認めるにしても、そのような構造自体が「二分」の意味ではない。

なぜ「二分」するのか、すなわち、二項に分節することの意味については、青木伶子（一九八六）が次のように述べている。

「は」助詞は、述語成分とそれにかかりゆく成分との結合を強める助詞であるが、述語と一体的従属関係にある成分の場合には、その従属関係を一旦断ち切つて然る後に結合する。そのやうな関係をもつものには諸格成分即ち補充成分や、連用修飾成分があり、また述語そのものを一体的に形成してゐる要素がある。（15頁）

「二分結合」の前提、すなわち「は」に「二分」という二項分節の作用を設定する前提とは、格成分を始めとする諸々の連用成分が述語に支配されており、それらが述語から見て従属的であるということである。このことは、いわゆる動詞の格支配ということに通じ、日本語が述語を中核・センターにするといった統語論的な理解とも矛盾しない。[3]

本章では、「二分結合」の設定という観点においては、上記の点を出発点とし、最重視する。なお、後述のように、本章では、青木の引用文のうち「述語そのものを一体的に形成してゐる要素」には「二分」の必要性を認めない。

「は」は、述語とは従属的関係にある諸々の連用成分を述語の支配下から分断した上で結合する。堀川智也（二〇一二）は「は」の断続関係をめぐって「「断裂」を含むということは、そこで、言語状態は一旦、不安定な状態、緊張感のある状態におかれ、その不安定さを解消するために、後続部分で安定をとりもどしたいという力・要請が働くというダイナミズムが働くということである」（5頁）と述べている。「は」による諸連用成分と述語との分節は、それらを「は」構文として結合するに向けて必要となる、より意識的、確信的な作用である。

青木伶子（一九九二）では「ハによる題述文は、題述構造なのであって格述構造ではないから、その題目は、その意味関係が、格述文に置き換へた時に主格であり得るやうなものであっても、これを主格といふことは出来ない」（114頁）として「は」の題目は格成分とは切り離すべきものであることを述べている。これは、「は」によって格成分が述語から分断された状態となることを反映したものである。このような、もとの格成分を「は」によって後項と結合する作用で、それらは対等の資格となる。この点も「二分結合」の要点である。青木伶子（一九八六）は、次のように述べている。

この結合（半藤注、「は」の前項と後項との結合）は、切断する以前の統括機能を恢復するものではなく、両者全く対等のものとしての関係を新たに成立せしめる　（6頁）

このように「は」は、述語とは従属的関係にある諸連用成分を述語と対等の資格となるように結合する。この論理の過程において、諸連用成分と述語との従属的関係を分節する「二分」と、対等の資格として「結合」する作用とを併せて認識したところが「二分結合」である。このあたりを明確にするならば、「は」の「二分結合」とは半藤英明

（二〇〇三）に述べた通り、次のように規定できる。

「は」が前項と後項との関係を、情報伝達上の対等な資格とするために、その直後で一度切断した状態に置いた上で、それらを再結合する働き(4)

三、「二分結合」の有効性

冒頭で述べたように「も」「こそ」に「二分結合」を認め得ないのは、それらが情報上の焦点を前項としており、「は」のように前項と後項とを対等な資格で結合しているとは考えにくいことによる。「は」の対比用法では前項に意味的重点、焦点があるかのように見える場合もあるが、「は」による対比がほぼ文の対照に基づくものであって語の単位でない上では、如何なる用法でも「は」の前項のみが焦点とはならず、「は」の前項と後項とは対等の資格とし得る。一方「も」「こそ」の前項は、ほぼ常に情報上の重点であり、常態的に焦点であることでは「は」の対比性とは異なり、前項と後項とが全く対等な資格にあるとは考えにくい。一例であるが、重見一行（一九九四）は、前項が卓立強調される「こそ」について「上下接文言を「二分」する方向よりもむしろ既知的非限定的な発話意義なき下接文言を未知的具体的な発話意義の中心たる上接文言に強く「結合」して、上下接文言を一体化し、全体としての発話意義―新情報性を成立せしめるごとく働いていると言えるのである」（14頁）としている。そのような限りにおいて「二分結合」は、「は」の働きではあるが、係助詞のものとはし得ない。

前述した、諸連用成分と述語との対等な資格というのは、端的には、題目―解説の関係にある二項による文の構成を意味する。この点、青木伶子（一九九二）は、次のように説いている。

係助詞ハのない格述構文の文は、格成分が如何に多くあらうとも、結局はすべて述語成分に収斂されるものであって、所詮、単一成分であるのと変りがないが、係助詞ハをもつ題述構造の文は、決して一方が他方に収斂されることなく、明瞭な対立を保つ二項、即ち二成分から成る分節文である。（393頁）

青木によれば、諸連用成分と述語との対等な資格とは、上記の引用文のように「明瞭な対立を保つ二項」である。「対立」の意味するところは、意味レベル、もしくは、情報レベルでの語句の扱いが二項のうちのどちらか一方に重点化されず、同程度の価値にあるということである。「は」の前項と後項とは対立的な二項であり、格関係に見られる従属的関係のように一方から他方への依存的関係にはないものである。なれば、「は」構文を構成する際、そもそも述語に従属していない成分で、述語からの支配を分断する必要性が認められない諸成分と述語との結合については「二分」の概念は無用ということになる。つまり、あらかじめ「明瞭な対立を保つ二項」の結合については、「二分」の必要がないのであり、そのような表現や構文では、論理的には「二分結合」を想定しにくいことになる。(5)

そこで、あらかじめ「対立的な二項」という観点から、「は」が述語そのものを一体的に形成している用法と「は」による名詞述語文を取り上げ、以下に考える。

四、述語と一体的な成分

「は」が述語そのものを一体的に形成している用法とは、例えば「食べはする／しない」「辛くはある／ない」「男ではある／ない」のように補助用言「する／しない」「ある／ない」を用いて述語形式となるものである。いずれの「は」も述部に挿入されて一体化している。このとき「は」の前項と後項は、従属的関係としては捉えられない。

「は」の前項「食べ」「辛く」「男で」が補助用言である後項「する／しない」「ある／ない」の従属的成分とは考えられない。それぞれは意味的に自立し得ず、ともに表現上の構成素である。それぞれが相互補完的である点では、形式上の対立的な二項である。それらが「は」により結果として意味的な対立項となる。(6) 青木伶子（一九八八）は、そのような関係を「本来的に存在する修飾被修飾の関係などではない。無理に作り出した関係である」として「実質概念部分に関する限り両者は等価である」としている（14～15頁）。

「二分結合」が述語と従属的関係にある諸連用成分を述語と対等の資格となるように結合すると考える上では、この用法については、そもそも前項と後項とを分節する必要性がないことになるので、「二分結合」の理解は不要となる。「は」の存在を以て、そこに「二分」の作用を想定することは、結果論としては可能であるが、分析的な意味を持たない。

尾上によれば、この用法は「文構成の基本的な二項の二分結合ではないから、対比の色、特に〝譲歩〟的な気持が強くなる」ものである（110頁）。尾上によっても「二分結合」には通常のものとは異なるものがある。本書では、「は」が述語そのものを一体的に形成している用法には、前項と後項との「結合」はあっても「二分」の必要性を認めず、

「二分結合」を想定する必要がない、という理解に立つ。(7)

五、名詞述語文の題目

「は」構文の基本構造を、前項の題目と後項の解説との結合である、と解する上で、前述の「二分結合」の考え方は理に適うところである。例えば「風が吹く」は、もともと述語「吹く」とは従属的存在である格成分のなかから主格成分「風が」が選択表示されたものであり、「吹く」は「風が」に対して支配的であるが、「風は吹く」では、主格成分「風が」に当たるものが「吹く」の支配から分断された上で「吹く」と結合されているので、本来の従属的関係が解消されており、題目の「風は」と解説に当たる「吹く」とは対等の資格となる対立的な二項にあると説明できる。このように、動詞述語文において題目のある「は」構文の構成を説くに「二分結合」の考え方は有効である。

しかし、名詞述語文の場合は、そのような論理が必要ない。例えば「彼は男だ」の場合に「彼が男だ」（これは、いわゆる転位陰題文である）の想定に基づいて「彼は」という題目を立て、それと対等な資格で「男だ」という解説を与えているとの説明にはならない。名詞述語文の「が」格については従来から議論があり、淺山友貴（二〇〇四）は、名詞述語文の「が」を格表示のためではなく、特別なニュアンスや意味を添えるものとする（169頁）。また、小池清治（一九九九）では、名詞述語文の「が」を主格助詞とせず、係助詞としている。そのような「が」には格成分とは別の特別な文法的論点が必要であり、「彼が男だ」を「彼は男だ」の前提としての格構文と見ることはできない。

「彼は男だ」のような名詞述語文では、題目たる前項の名詞「彼」と解説たる後項の名詞「男」は、元来、孤立的、個別的な存在である。「は」構文としてまとめれば包摂関係となるような関係性ではあるものの、あらかじめ何らかの関係性を以て存在するものではない。「は」構文が後項に疑問詞を配して疑問詞疑問文をも作り得るのは、その前項と後項とに特定の関係性があらかじめ設定されているものではないことも関係している。

名詞述語文としての「は」構文は、発話者の選択的判断に基づく題目が優先的な存在としてあり、それに対して解説を設定する構造である。「は」の前項・後項それぞれの名詞は、片や主題、片や解説となるべき、そもそも対立的な二項であり、「は」による判断文の主要構成素としてダイレクトに選択され、「結合」されていると理解できる。あらかじめ従属的関係にない二項であれば、対等の資格とするために「二分」する必要性はない。(8) 名詞述語文の題目が「は」による分節をもとより必要としないのであれば、名詞述語文の「は」が題目たる前項とその解説たる後項とを対等の資格で結合していても、それは「二分結合」とは呼びにくい。

尾上には「二分」より「結合」に重きがある場合の指摘がある。尾上は「さらばと告げて手を振る君は赤いランプの終列車」などの例文を挙げ、次のように述べている。

〈分説・排他〉という意味の個性はかすみ、〈二分結合〉という文中係助詞としての働きのしかも〈結合〉の面だけが意識されると、「は」は、このように二つの事態を単に結ぶという接続助詞にも似た機能さえ帯びることになるのである。(117頁)

上記のような例文は、明らかに「は」の前項と後項とが従属的関係にあるとは考えにくい。結局、名詞述語文に「二分結合」を想定することは、「は」の働きを「二分結合」と捉える上でのことであり、理論上の必然ではないことになる。

六、「二分結合」から「二項対等結合」へ

係助詞の「取り立て」機能は、前項と後項との結合ということであり、この「取り立て」の一つのあり方として「は」の「二分結合」があると考えられる。前述のように「二分結合」は「は」の全ての表現に想定すべきものではなく、あくまで述語に支配され、従属的関係にある諸連用成分と述語との結合に対して想定すべきものである。「は」の前項と後項との従属的関係の有無にかかわらず、そこに見い出すべき「は」の構文的機能となれば、それは「二つの構成素の対等的結合により一つのまとまった表現としての結合体を作る働き」ということになるであろう。本書では、このことを「二項対等結合」と呼ぶ。従来「は」構文に指摘されている断続関係、および、「分節」や「分節文」の考え方は、このような二項の対等的結合による文の構造を直観的に把握したか、または、生成文法的な常識によるもの、と捉える。

「二項対等結合」は、「は」の表現に対して網羅的に設定できるものであるが、繰り返すように、係助詞全体の働きではない。「も」「こそ」が前項と後項とを対等な資格で結合するとは考えにくいことからすれば、係助詞全体に設定すべきは「取り立て」機能に基づく前後二項の結合である「二項結合」というところに留まるであろう(9)。換言するならば、「二項結合」は、判断文の主要構成素となる「二項」を係助詞によって「結合」し、係助詞の表現性それぞれに応じた判断文を作ることである。なれば「二項結合」は、「取り立て」の別称として、係助詞の働きをより具体的なイメージで示したものである。

つまり、係助詞全体の働きとは「二項結合」であり、そのなかで「は」は「二項対等結合」という個性を持ってい

る、ということである。

七、まとめ

「二分結合」という「は」の構文的機能（青木によれば「文法的機能」）を、述語とは従属的関係にある諸連用成分を述語と対等の資格となるように結合する作用である、と規定するとき、述語とは従属的関係にない成分を承ける「は」の表現には「二分結合」を想定する必要性がない。ゆえに「二分結合」は、「は」の全ての表現に適用すべき基本的な働きではない、と考えられる。

「は」の基本的な構文的機能とは「二項対等結合」、すなわち、前項・後項二つの構成素の対等的結合により一つのまとまった表現としての結合体を作る働きである。本書では、この「二項対等結合」を実現するまでの過程において、述語の支配から切断された成分を再結合する意味合いとして「二分結合」を捉える。

なお「象は|鼻が長い」「車は|急には|止まれない」など、多様な「は」構文が存在することでは、「は」の機能は「二項対等結合」を基本としつつ、それが「二分結合」であるのかを個別に判断して捉える必要がある。本書として「象は|鼻が長い」は、題目としての「象」に対する選択的解説として属性「鼻が長い」を述べたものという判断であり、「二項対等結合」ではあるが「二分結合」を経なくてはならないというまでの論理性を認めない。「車は急には止まれない」も同様の見方ができるが、こちらの「急には|止まれない」の部分は、連用成分「急に」が「止まれない」に対して従属的である点から、「二分結合」を経た上での「二項対等結合」であると考える。すなわち「車は|急には|止まれない」は、「車」と「急には止まれない」による「二項対等結合」、および、「急に」と「止まれない」による「二

項対等結合」という二つの「二項対等結合」により成立している構文である、と見る。

注

（1）重見一行（一九九四）、野田尚史（一九九六）、丹羽哲也（二〇〇六）、堀川智也（二〇一二）など。その扱い・意味付けはさまざまである。
（2）尾上圭介（一九九五）では、「は」を「前後両項の結合（通常は文そのもの）の成立を分説的に（他の事態との対立の意識をもって）承認する助詞」（29頁）としている。
（3）仁田義雄（一九九三）、塚原鉄雄（二〇〇二）などの指摘がある。
（4）規定内の「前項と後項との関係」を、半藤英明（二〇〇三）では「上接語と述語との関係」としている。64頁。
（5）「二分結合」とほぼ同様の認識に、柴谷方良（一九九〇）がある。柴谷は「「は」の概念的機能は事象の把握の一形式である論理的判断のための主題の分離およびそれと述部との結合にあると考えられる」（293頁）と述べている。この指摘に対し、竹林一志（二〇〇四）は「主題分離・結合説では、「助詞＋は」の場合や「連用形＋は」の場合などが説明困難である」（137頁）として「「は」の諸用法に包括的・統一的な説明を与えるものではない」（138頁）としている。これは「二分結合」の有効性を限られたものとする点において、半藤の見解と一致する。
（6）格成分と述語との関係も「は」によって情報的に等価となり、結果として対立項となる。
（7）本書・第七章では、「題目」たるべき成分について検討し、「は」が述語そのものを一体的に形成している用法は「は」の前項・後項が判断文としての主要構成素ではなく、「は」の前項は題目たり得ないとした。この点からすれば、「二分結合」とは、諸連用成分を題目として立てるに必要な作用であるとも考えることができる。
（8）半藤英明（二〇〇六）・第十七章は、名詞述語文における格の存在を疑う立場である。淺山友貴（二〇〇四）には次の指摘がある。どちらも、名詞述語文での「は」の前項を格成分とは見ない立場である。

格助詞は本来、動詞との関係において複数の名詞の互いの格関係を明示するために機能することが本義である。従って名詞述語文やウナギ文は、一つの項しか存在しないため、格という機能はなくてもよい。ウナギ文ではむしろ格の概念が不要であり、それを拒否するが故に「は」が使用されると説明されてきた。つまりこのような文に格機能は要求されず、主格助詞を義務的に付与しなくてもよいのに、そこに格助詞を使用するということは、格とは異なる意味を明示するために機能すると考えるほうが自然である。（100頁）

（9）「二項結合」の用語は、尾上圭介（一九九五）に既に見られる（30頁）。但し、その視野は「は」についてのものである。「も」「こそ」の前項に焦点が置かれるという情報上の問題は、それらが構文的に「二項結合」であることを妨げない。

参考文献

青木伶子（一九八六）「「は」助詞は所謂「陳述」を支配するに非ず?」『国語国文』第55巻第3号

――（一九八八）「車は急には止まれない――「は」助詞のはたらき――」『国語国文』第57巻第8号

――（一九九二）『現代語助詞「は」の構文論的研究』笠間書院

淺山友貴（二〇〇四）『現代日本語における「は」と「が」の意味と機能』第一書房

尾上圭介（一九八一）「「は」の係助詞性と表現的機能」『国語と国文学』第58巻第5号

――（一九九五）「「は」の意味分化の論理――題目提示と対比」『言語』第24巻第11号

小池清治（一九九九）「「鳥がペットだ。」の「が」は格助詞か。=格助詞の「が」とは別に係助詞としての「が」があるという説=」『十文字学園女子短期大学研究紀要』第30集

重見一行（一九九四）『助詞の構文機能研究』和泉書院

柴谷方良（一九九〇）「助詞の意味と機能について――「は」と「が」を中心に」『文法と意味の間――国広哲弥教授還暦退官記念論文集』くろしお出版

竹林一志（二〇〇四）『現代日本語における主部の本質と諸相』くろしお出版

塚原鉄雄（二〇〇二）『国語構文の成分機構』新典社
仁田義雄（一九九三）「日本語の格を求めて」『日本語の格をめぐって』くろしお出版
丹羽哲也（二〇〇六）『日本語の題目文』和泉書院
野田尚史（一九九六）『新日本語文法選書1　「は」と「が」』くろしお出版
半藤英明（二〇〇三）『係助詞と係結びの本質』新典社
――（二〇〇六）『日本語助詞の文法』新典社
堀川智也（二〇一二）『日本語の「主題」』ひつじ書房
森重　敏（一九七七）『日本文法通論』（新装版）風間書房

第十章　判断文の諸相

一、判断文の実際

コミュニケーション上、使用する文の多くは、日本語基幹構文の典型が狭義の判断文であることに鑑みても、現象文よりも判断文（広義の判断文）である、と考えられる。判断文のあり方は、多種多様である。歴史的に見れば、各時代に応じて諸類型の変遷があるが、判断文・現象文の対立的な枠組みは、不変である。本書・第四章、第五章では、現代語の現象文が基本形式を中心に、豊かな類型を以て現象文類を形成していることを見たので、本章では、古文の実例から判断文の諸相を捉えることにする。古文での判断文の諸相は、現代文での諸相に通ずるところもあり、判断文の実相を捉える上で有益である。

概論的ではあるが、古代日本人は名詞文（＝名詞述語文）を作ることが少なく、古代日本語には動詞文（＝動詞述語文）の多かったことが、大野晋（二〇〇六）の指摘にある（116〜117頁）。なれば、古くは「は」構文が少なかったということを想像させる。それは、「は」の働きとして重要な題目—解説の構造の形成が、文法的に見れば、名詞述語文を作る典型のものであると考えられるからである。

万葉集で見ると、「は」の使用は、連体助詞「の」や格助詞「に」の使用数ほどではないが、他の助詞と比べ、突出している。(1) 名詞述語文が少ないにもかかわらず、「は」の使用が多いとすれば、それは、名詞述語文ではない「は」構文が多用されているということである。それらの構文は、「は」の如何なる働きによって如何なる表現を作っているのであろうか。

二、万葉集の「は」構文

万葉集の「は」構文について、森野宗（一九八四）は「接続の面から考えた場合、体言に下接するのが、「は」の中心的用法であると言えよう」（91頁）と指摘している。体言下接の「は」では、主語、すなわち、「が」格に立つものに下接する例が圧倒的に多い（約七四％）。「は」による題目—解説の構造は、基本的には、モノ・コト、といった体言的要素について説明・解説を加えるものであり、万葉集の「は」が体言下接を中心にすることでは、述語文の種類として、まずは、その構造を顕著にする名詞述語文の存在が想起されるところであるが、冒頭の指摘のように、名詞述語文の数は、動詞述語文の一割にも満たない。

以下に『日本古典文学全集』（小学館）から名詞述語文を挙げる。字母は（　）で示した。なお、本章で考察対象となる「は」構文は、主文、もしくは、主文の扱いができるものに限る。

1　世の中は（波）空しきものと知る時しいよよますます悲しかりけり　（七九三）

2　ちはやぶる神のみ坂に幣奉り斎ふ命は（波）母父がため　（四四〇二）

3　うつせみは（波）数なき身なり山川のさやけき見つつ道を尋ねな　（四四六八）

4　いざ子ども狂わざなせそ天地の堅めし国そ大和島根は（波）　（四四八七）

5　玉梓の妹は（者）珠かもあしひきの清き山辺に撒けば散りぬる　（一四一五）

6　古衣打棄つる人は（者）秋風の立ち来る時に物思ふものそ　（二六二六）

例文1は「世の中は、むなしいものだ」の意、2「慎み祈る命は、母父のためだ」の意で、ともに体言止めの形式である。3は「人の身は、はかないものだ」の意で、助動詞「なり」を伴う正格的なものである。4は倒置形であるが「日本国は、天地の神が造り堅めた国だよ」の意、5は「妻は、玉なのか」の意とされ、6は「古衣を捨て去る人は、秋風の来る頃に、物思いをするものだ」の意であり、いずれの文末も、体言直下に指示や疑問の助詞が付く形である。同様の題目―解説の構造にあるものの、体言を承けるのではなく、活用語を承けているものもある。

7　あしひきの山に白きは（者）我がやどに昨日の夕降りし雪かも　（二三二四）

8　防人に行くは（波）誰が背と問ふ人を見るがともしさ物思もせず　（四四二五）

例文7の述部は体言直下に疑問の助詞が付く形で「山に白いのは、雪だろうか」の意、8では「防人に行くのは、誰の夫か」の意で、述部「誰が背」は体言止めの形である。

形容詞述語文の数は、名詞述語文よりも更に少ない。いずれも「は」が体言を承け（活用語を承けるものもある）、それらを題目とし、その解説として形容詞述語を配するものである。

9　ますらをのさつ矢たばさみ立ち向かひ射る的形は（波）見るにさやけし　（六一）

10　人もなき空しき家は（者）草枕旅にまさりて苦しかりけり　（四五一）

例文9は「的形の浜は、見るからにすがすがしい」の意で、形容詞単独で終止する。「は」の上接語「的形（の浜）」は述語形容詞「さやけし」の属性主である。例文10は「人もいない、むなしい家は、旅にもまして、苦しいことだ」の意で、文末に「けり」がある。こちらは「空しき家」が感情形容詞「苦し」の認識対象である。これら形容詞述語文については、後に節を立てて扱う。

上記の例文は、いずれも「は」構文の典型的なタイプであるが、そのような「は」構文は、万葉集全体では少数であり、他の大部分は動詞述語文である。動詞述語文では、動詞単独で終止するものは少なく[2]、ほぼ助動詞を伴い、また、感動の助詞を付接するなどのモダリティ形式が現れる。

11　竜の馬を我は（波）求めむあをによし奈良の都に来む人のたに　（八〇八）

12　はろはろに思ほゆるかも白雲の千重に隔てる筑紫の国は（波）　（八六六）

13　ぬばたまの夜渡る月を幾夜経と数みつつ妹は（波）我待つらむそ　（四〇七二）

14　秋されば置く露霜にあへずして都の山は（波）色付きぬらむ　（三六九九）

15　天の原振り放け見れば大君の御寿は（者）長く天足らしたり　（一四七）

16　今は我は（者）死なむよわが背恋すれば一夜一日も安けくもなし　（二九三六）

例文11は「竜馬をわたしは探そう」の意、12は倒置形であるが「筑紫の国は、はるかに遠く思えることだ」の意、13は「妻はわたしを待っているだろうよ」の意、14は「都の山は色づいたであろう」、15は「大君のお命は、とこしえに長く空に満ち満ちている」、16は「もうわたしは、死にますよ」のような意である。「は」の働きが題目―解説の構造を形成するにより判断文(3)を構成することからは、文末にモダリティ形式が現れ易いことは想定の範囲である。とくに「む」「らむ」といった推量判断の存在は、その構文が判断文であることを顕著にするものである(4)。そのような「は」構文、すなわち、判断文たる動詞述語文が万葉集の数多くを占めることは、万葉集の表現性の一端を表すものとも考えられる。

三、「は」構文による描写の表現

和歌文学の傾向は、叙情、もしくは、叙景に傾斜していると考えられ、題目―解説の構造といった説明調の表現世界は取りにくいことが想定される。つまり、例文1〜8のような「は」による名詞述語文の表現タイプの少なさは、自明なことでもあるように思える。加えて、例文9・10のような「は」による形容詞述語文の少なさは、モノ・コトの属性を表現したり、認識対象への感情をダイレクトに表現するような歌の少なさである。すなわち、万葉集の「は」構文に動詞述語文が多いことは、概して、その表現世界が主に動的な事柄であることを示している。尾上圭介（二〇〇六）では「文表現というものは、どのようなものであれ、すべて、存在承認か希求である」（9頁）と述べているが、その観点からすれば、「存在承認か希求か」をほぼ動的概念で捉えているということである。

動的な表現世界としての「叙情」の表現では、表現形式上、特定の述語文に片寄るようなことが考えにくい。感情の様相を表現するのに特定の述語文が強く連関することは想定されない。一方、動的な表現世界としての「叙景」の表現、すなわち、動きのある自然描写・現象描写は、動詞述語文の役割である。

動作主体による動作の表現は、典型的には、現代語で「風が吹く」「雨が降っている」「鳥が飛ぶ」「人が歩いている」のように「が」構文となるが、古代語の場合には「心地まどふ」「日たくる」のように無助詞の形式（以下、［φ］で示す）が多い[5]。しかも、そのような表現は「現象をあらわす名詞に用例の偏りが見られる」とされる[6]。『百人一首』（講談社学術文庫）から例文を引く。

・　いにしへの奈良の都の八重桜［φ］けふ九重ににほひぬるかな

・　高砂の尾上の桜［φ］咲きにけり外山の霞立たずもあらなむ

それぞれの「八重桜」「桜」は、述語動詞「にほふ」「咲く」の動作主体であり、主格表示が無助詞の形式になっているが、現代語ならば「が」の存在が適するところである。ともに題詠歌であるのだが、これらは表現上、自然描写・現象描写の趣きにあり、現象文となっている[7]ところから「常にテンスに指定されている[8]」ため、「ぬ」「けり」といった助動詞を伴うものとなっている。概して、実例の動詞述語文は、助動詞を伴い易い。尾上圭介（二〇〇六）は「存在承認か希求か」を目指す文表現では「動詞を用いて運動の（何らかの意味での）存在を語るためには、運動の存在を話し手の立っているイマ・ココとの関係において位置づけなければならない。そのときに必要となるのが「た」「ている」「う（よう）」という複語尾（あるいは複語尾に相当する語連鎖）であろう」（5頁）と述べている。

万葉集にも、上記と同じようなことがある。

・若草の夫の思ふ鳥〔φ〕立つ　（一五三）
・梅の花〔φ〕咲きて散りぬ　（四〇〇）
・陸奥山に金花〔φ〕咲く　（四〇九七）

しかし、万葉集には、連体句のものに次例のような「が」（字母は「之」）による描写の表現が見える。

17　あかねさす紫野行き標野行き野守は見ずや君が（之）袖振る　（二〇）
18　まそ鏡持てれど我は験なし君が（之）歩行よりなづみ行く見れば　（三三一六）

例文17は「君が袖振る（のを）」、18は「あなたが歩いて苦労して行く（のを見ると）」の意であり、述部「振る」「なづみ行く」の動作主体を「が」で示している。連体句であるため、現象文とは分析できないが、表現上は、自然描写・現象描写の趣きにある。どちらの例も、文意において17には「君―野守」、18には「君―我」という対立関係が見られることから、（無助詞ではなく）明示的に「が」の表出があったものとも考えられるが、少なくとも、万葉集において描写の表現としての「が」構文が存在したことは明らかである。(9)

もっとも、万葉集の「が」構文（約千例）では、およそ連体用法が六〇％、主格用法が四〇％であり、主格用法は未だ主流ではない。主格用法では従属節（＝連体句、条件句、並列）のものが約五七％（約二百例強）を占めている。連体句、条件句の主語には「は」を使いにくいという構文上の制約があることに加え、使用例が主節・従属節ともに「吾が」「君が」「妹が」「吾妹子が」「父母が」のように、ほぼ定型化していることでは、動詞述語文における主格助詞としての「が」の使用は、現代語のようなものではなかった。つまり、表現の構成に何らの制約もない環境下で、動詞述語文としての「が」構文を使用することは稀であったことになる。

従って、万葉集では、動的な自然描写・現象描写に当たるものも、次例のような「は」構文の表現となる。自然描写・現象描写の表現性にあることでは、テンス・アスペクトに関わる助動詞が、当然多く現れる。

19　田児の浦ゆうち出でて見ればま白にそ富士の高嶺に雪は（波）降りける　（三一八）

20　愛しきかも皇子の命のあり通ひ見しし活道の道は（波）荒れにけり　（四七九）

21　春されば卯の花腐し我が越えし妹が垣間は（者）荒れにけるかも　（一八九九）

それぞれは、例文19「雪は降っていることだ」、20「（安積皇子ゆかりの）活道の道は荒れてしまった」、21「恋人の家の垣根は荒れてしまったことだ」の意であり、いずれも内容上は眼前描写的なのであるが、動作主体が「は」で示される。古代語に多い無助詞の形ではなく、「が」を用いることもない。無助詞の形式か「は」を用いるかの選択に韻律上の問題があることは踏まえなければならないとしても、これらのような「は」構文の存在は、万葉集の自然描写・現象描写が眼前描写、または、眼前描写の扱いではなされていないことを示すものである。それらは、本書・第四章、第五章で漱石の写生文として述べた、現象文的な判断文の類型である。

格の概念が動詞に内蔵されるものであることは、本書で既に述べた。すなわち、動詞述語文では格述構文が基本であり、通常、主語の提示は、主格助詞「が」によってなされる（古代語では無助詞の形式が多い）。しかも、そのことは、動詞述語文が客観的な表現としての扱いにある現象文として表現される性質のものであることにも繫がっている。

つまり、動詞述語文で「は」を使用することは、本来的には、格述構文たる現象文として表現される性質のものを、題述構文[10]たる判断文に作り変えて表現することである。中西進（一九七五）には「（万葉集の中に）自然と人間とが濃厚にかかわりあっている歌は枚挙にいとまのないほどである」（100頁）とあるが、万葉集では、自然を取り上げる場合でも描写としての「自然そのまま」ではなかった、ということである。

四、「は」による判断文の形成

万葉集の「は」の例には、前掲のものの他に、連用語（助詞・副詞）を承けるもの（用例全体の約一八％）、また、「は」が述部へと挿入された表現形式のもの（同じく約三％）が存在する。

連用語を承ける「は」は、もとより述語にかかる連用成分を強めるものであり、連用語自体を主題化することの必然性が乏しいことにより、ほぼ対比の用法となる。そのこともあり、条件句内にあるものが多い（例文22〜24）。

22　風多く辺には（者）吹けども妹がため袖さへ濡れて刈れる玉藻そ　（七八二）

23　逢はむとは（者）千度思へどあり通ふ人目を多み恋ひつつそ居る　（三一〇四）

24　しまらくは（波）寝つつもあらむを夢のみにもとな見えつつ我を音し泣くる　（三四七一）

例文22は「風が激しく岸には吹いているのに」、23は「逢おうとは何度も思うのだが」、24は「しばらくでも寝つづけたいのに」の意である。いずれも自然描写・現象描写の表現とは分析し得ない。

また、述部への「は」の挿入にも強調の意味合いがあり、対比のニュアンスが浮かび上がるため、条件句内にあるか（例文25）、他の場合は並列（例文26・27）となる。多くは複合動詞への「は」の挿入であるが、断定の助動詞に挿入されるもの（例文28）も見られ、しかも、ほぼ助動詞「ず」を伴うという形式上の特徴がある。

25　雨降らば着むと思へる笠の山人にな着せそ濡れは（者）ひつとも　（三七四）

26　潮満てば水沫に浮ぶ砂にも我は生けるか恋ひは（者）死なずて　（二七三四）

27　玉の緒のくくり寄せつつ末つひに行きは（者）別れず同じ緒にあらむ　（二七九〇）

28　わが祭る神には（者）あらず大夫に着きたる神そよく祭るべき　（四〇六）

例文25は「びしょ濡れになっても」の意、26は「わたしは生きていることか、恋い死ぬこともなくて」の意、27は「行き別れず（ばらばらにならず）、同じ緒で繋がっていたい」の意、28は「わたしの祭る神ではありません」の意である。いずれ判断文か、判断文中に取り込まれたものであり、自然描写・現象描写の表現にはない。

例文11〜16、また、19〜21のような動詞述語文とも併せ、万葉集での「は」構文の多さは、判断文の多さである。とくに、19〜21の自然描写・現象描写に当たる動詞述語文での「は」の使用は、通常ならば、無助詞の形式、すなわち、格述構文の資格にあるものをも「は」構文として表現することであり、これは「見たまま」「聞いたまま」のような「自然そのまま」の事態認識の表現にも「は」を用い、いわば、判断文としての自然描写・現象描写を作っているということである。この点は、現代語にも通じている（本書・第四章、第五章）。

つまり、万葉集の自然描写・現象描写は、単なる客観的な表現としてではなく、発話者の判断を加えた上で提示されるものになっているということであり、発話者の意識下に取り込まれた自然描写・現象描写が発話者の目を通して表現化され、その映像が読み手・聞き手に提示されるものである。森野崇（一九八四）は、万葉集の「は」が広く「前提として特に意識していた事柄に関連して、ある事柄をとりたてて示す」（97頁）と指摘している。万葉集の表現世界は、そのような「は」の使用によって、歌のモチーフやテーマを主観化した様相のなかで処理している。それは、換言すれば、万葉集の和歌が歌人の視点を強く認識させる表現にあることを示している、ということである。

五、形容詞述語文の表現

万葉集の表現世界が歌のモチーフ・テーマを主観化した様相の中で処理していることは、形容詞述語文のあり方にも象徴的に反映されている。

形容詞述語文として例文9・10を掲げたが、以下に同類を挙げる。

29　ひさかたの天路は（波）遠しなほなほに家に帰りて業をしまさに　（八〇一）

30　暁と夜烏鳴けどこのもりの木末が上は（者）いまだ静けし　（一二六三）

例文29は「天路は遠い」、30は「この山の梢のあたりはまだ静かだ」の意で、それぞれ「は」の上接語「天路」「木末が上」は述語形容詞「遠し」「静けし」の属性主である。このような事物を主語に立てる場合は、現象文として表現される傾向を強くするが、判断文として表現することも可能であるため、「が」「は」の両方を取り得る。[11] が、ここで「は」を選択していることでは、判断文としての捉え方をしている、ということである。

31　夕闇は（者）路たづたづし月待ちていませわが背子その間にも見む　（七〇九）

32　風をだに恋ふるは（波）ともし風をだに来むとし待たば何か嘆かむ　（四八九）

33　我が恋は（波）まさかもかなし草枕多胡の入野の奥もかなしも　（三四〇三）

例文31は「宵闇は路がおぼつかないですよ」と訳されている。「夕闇は路たづたづし」という文の構成は、「象は鼻が長い」の文に象徴的に代表される「～は…が形容詞」の表現形式である。「が」の部分が無助詞の形式となって「～は…〔φ〕形容詞」の表現であるのは、前述のように、主格助詞「が」の無助詞が一般的だったことの背景によると思われる。この例の「たづだつし（たどだどし）」は「不確かだ」の意で、意味的には属性の表現とも評価の表現とも分析し得るが、「路〔φ〕たづたづし」と「が」の表示がないところからすれば、描写的な表現である可能性がある。但し、表現全体で見れば、「路がたづたづし」という現象描写としての面と、「夕闇はたづたづし」という判断文の面を、同一構文上に表現したものと判断され、トータルには「夕闇」を主題とした判断文であると見るべきである。

一方、例文32は「風をでも待ち恋うているとは羨ましい」、33は「わたしの恋は今もせつない」と訳されるもので、感情形容詞「ともし」「かなし」を述語にする表現である。感情の認識主体を発話者と捉えれば、「は」の上接語「恋ふる（こと）」「我が恋」は認識主体から見た認識対象ということになる。なれば、現代語の場合、感情形容詞の認識対象は、通常、「が」の表示になるのであるが、そこに「は」を使用して主題化していることでは、形容詞述語文と「は」との関係性の強さを思わせる。感情の表明が判断文として表現される性質を負うことで、認識対象までもが「は」の表示となり、「は」構文となっていることも考えられる。

前例は、いずれも文末が形容詞で終止する形であり、万葉集の形容詞述語文には、このように助動詞を付さないものが多い。大野晋（一九八〇）は「形容詞による断定は、時間に関係なしに、物の性質や状態について下す判断の表現だ」（268頁）と述べており、形容詞述語がそれ自体で断定判断を示していることからすれば、つまり、万葉集の形容詞述語文は、モノ・コトの性質・状態に対する断定的な判断であったり、感情の認識対象を主題化して断定的な判断を下す表現になっている、ということである。

六、万葉集の表現性

万葉集の「は」構文は、その表現世界が発話者の主観を表明する様相の判断文で作り上げられている。現象文となる自然描写・現象描写に対しても発話者の判断を加え、発話者のものとして表示するという態度で表現されている。情景の描写を淡々と、いわば、発話者とは外側のものとして描写するのではなく、発話者の内側のものとして表明する、そのことが万葉集の描写表現である。

伊藤博（一九八三）は、万葉集の表現について「萬葉の人々が、より強くみずからを訴え、より深く人生を語るために、抒情詩の構成的で統合的な集合性をことのほか重んじたことが知られるであろう。『萬葉集』は抒情詩集であるいっぽうにおいて、抒情詩による物語集でもあったといえる。歌の集まりが後の世にいう散文の任務をも力強く担っていたのが『萬葉集』なのであった」（232頁）と述べている。「より強くみずからを訴え、より深く人生を語るために、抒情詩の構成的で統合的な集合性をことのほか重んじた」というのは、万葉集全般に「は」構文が多用される状況を反映したものと見ることができ、また「散文の任務をも力強く担っていた」の指摘は、動詞述語文が多用されつつも名詞述語文・形容詞述語文からなる和歌群も少数ながら存在し、全体として述語文のバリエーションが豊かに見られることと結び付くものでもあるだろう。

和歌文学のみならず、随筆、物語・小説など文学作品全般は、発話者の主観を書き連ねていく営みである。従って、そこに、題目―解説の構造を典型とする「は」構文が多用されることは、文学作品の宿命とでも言うべきものである。そのなかで、名詞述語文・形容詞述語文は、もとより主観の明示化を担っており、意見表明の構成に優れるが、文学作品における一連の語りとしては多用しにくい。その意味において、動詞述語文の占める役割には大きいものがある。すなわち、万葉集の「は」構文における動詞述語文の多用は、個々の和歌の表現性の問題を超えて、歌集全体が一つの文学作品としての表現類型を示しているということにもなる。

本章はまた、判断文の類型が現象文の場合と同様に、形式面だけでは捉え切れないこと、判断文と現象文が不連続のものでないことを確認するものでもある。文章は、本書で述べる日本語基幹構文と周辺的な構文との組み合わせ、配合、バランスにより、発話者の意図・目的を具現化するものであり、その結果として随筆、説明文、小説などの文章および文体の類型が生ずるのである。

注

（1）小路一光（一九八八）によれば、「の」が四、七八九例（枕詞を除く）、「に」が三、四七一例で、「は」は一、七八七例である。

（2）例えば、次例がある。

○ 日並皇子の命の馬並めて御猟立たしし時は（者）来向かふ　（四九）

○ 晩蟬は時と鳴けども片恋に手弱女われは（者）時わかず泣く　（一九八二）

（3）判断文の用語を広義のものとし、「は」による判定文（判断判定文）を狭義の判断文と扱うについては、本書に前述したところである。

（4）蔦清行（二〇〇六）は、述語の品詞上の種類を考慮しない形で、「は」構文の文末が係助詞の終止形になるものを挙げているが、それらは、当然、判断文の範疇である。

（5）尾上圭介（二〇〇六）には「古代語においては主語と述語の間には助詞がはいらないのが基本的な姿であった」（7頁）とある。

（6）高山道代（二〇〇六）に指摘がある。103頁。

（7）現象描写文に同じ。

（8）仁田義雄（一九九一）の指摘。122頁。

（9）主格表示が無助詞の形式になることは、そこでの格確認が容易なものであることを意味する。すなわち「が」の表示は、その存在を必要とする要件が生じた構文であることを意味する。例えば、転位陰題文（＝転位文）では、総記的意味が張り付く上で「が」の表示が不可欠である。また、文の構成・構造が複雑なものほど関係構成の明示が求められ、「が」の表示は必要度が高まる。

（10）　尾上圭介（二〇〇二）では、例文19～21のような「は」の用法を「事態の強調的承認」と呼び、題目提示とはしない（72頁）。しかし、これが判断文であることは紛れもない。

（11）　半藤英明（二〇〇六）・第十二章において「は」「が」と形容詞述語文の関連を論じた。

参考文献

伊藤　博（一九八三）『萬葉のあゆみ』塙新書
大野　晋（一九八〇）『日本語の世界1　日本語の成立』中央公論社
――――（二〇〇六）『語学と文学の間』岩波現代文庫（一九六七年に「日本人の思考と日本語」『文学』12月号で発表）
尾上圭介（二〇〇二）「係助詞の二種」『国語と国文学』第79巻第8号
――――（二〇〇六）「存在承認と希求―主語述語発生の原理―」『国語と国文学』第83巻第10号
小路一光（一九八八）『萬葉集助詞の研究』笠間書院
高山道代（二〇〇六）「絶対格的名詞―φの展開」『日本語文法学会第7回大会発表予稿集』
蔦　清行（二〇〇六）「終止のコソ」『国語国文』第75巻第5号
中西　進（一九七五）『神々と人間』講談社現代新書
仁田義雄（一九九一）『日本語のモダリティと人称』ひつじ書房
半藤英明（二〇〇六）『日本語助詞の文法』新典社
森野　崇（一九八四）「『万葉集』における助詞「は」の用法―「主題」・「とりたて」をめぐって―」『国文学研究』（早稲田大学）第82号

第十一章　判断文と疑問文の関わり

一、論点

係助詞「は」「も」「こそ」は、それぞれの前項と後項とを「取り立て」機能により結合し、その二項が主要構成素となって判断文[1]を構成する。[2]判断文の内容は、その文がいずれの係助詞に基づくかの用法上の違いにより異なる。概ね、「は」は題目—解説の文を作り、「も」は同類の事態が他にもあることの指示（＝類示）を、「こそ」は複数の事態の中から最上のものを示すこと（＝卓立）を役割とする。係助詞がなくても、述語の内容や表現形式により判断文は作れるが、係助詞を使用すれば、必ず判断文になるのであり、要は、係助詞が積極的、主体的に判断文を作るということである。

それでは、いわゆる疑問文は判断文と言えるだろうか。

1　熊本　は　暑いだろうか。（話者の自問として）
2　熊本　は　暑いか。（話者が聞き手に向かって）

例文1は疑いの文、2は問いかけの文とされるが、ともに「は」構文である。このとき、「は」が「取り立て」機能によって、その前項と後項の結合に働いている（それぞれの「は」が「熊本」と「暑いだろうか」、「熊本」と「暑いか」を結び付けている）とは言い得るが、このような疑問文の場合に「熊本は」と「暑いだろうか」、「熊本は」と「暑いか」とで判断文を構成しているということになるだろうか。疑問文は、直感的には、判断文とは呼びづらいであろう。

本章では、文の分類として立場・観点の異なる「疑問文」と「判断文」との関係について考える。宮崎和人（二〇〇五）では「様々な疑問文の意味の違いを説明するには、聞き手ではなく、話し手の認識・判断のあり方に注目する必要があるだろう」（3頁）と述べている。疑問の表現は、用法上、多岐にわたり、一律に判断文か否かを認定し得るものではないが、本章では、基本的に「は」構文であることを問題とする。本章で「疑問文」という場合には、後述の「疑問詞疑問文」と「真偽疑問文」とを、とくに区別せずに用いていることを断っておく。

二、疑問文の位置付け

英文法を中心に、平叙文、疑問文、感嘆文、命令文のような文の分類がある（明治書院『日本文法大辞典』、二〇〇一、831頁）。「は」の働きの中心は、前述のように、係助詞としての「取り立て」機能により題目―解説の構造をなすところにある。その働きは、平叙文において典型的に発揮される。Aという題目に対し、Bと解説するには、平叙文の表現タイプが最も適当だからである。

但し、「は」の働きの根幹は、あくまで文法機能としての「取り立て」機能であり、題目―解説の構造をなすことではない。「取り立て」機能は、係助詞がその前項と後項とを積極的、主体的に結合する働きである。積極的、主体的に結合するから、その文は、結果として、発話者の意識が反映された判断文となる。また「取り立て」機能がさまざまな構文に適用できることでは、係助詞は汎用性が高くなる。「は」構文の全ては、「取り立て」機能により前項と後項とが結合されたものとなるが、その実現において意味的な特徴の顕著なものが名詞述語文の構造を典型とする題目―解説の構造である。従って、例えば「悪くはない」などのように題目―解説の構造を取らない「は」構文も見られる。「ゆっくりとは食べない」などについても主題である副詞（ゆっくりと）について解説している構造とは言えない。

疑問文は、通常、平叙文とは別の独立的なカテゴリーである。しかし「は」の汎用性は疑問文の構成にも及ぶ。しかし、疑問文中の「は」が「取り立て」機能に働くことは認識できるとして、そのことを以て、それを判断文と見做し得るか否かは問題である。

疑問文には、概して「疑い」の文と、聞き手に働きかける「問いかけ」の文がある。前者は必ずしも聞き手の存在が要請されないが、後者には不可欠である。疑いの文と問いかけの文との関係性については、仁田義雄（一九九一）を参考とする。

仁田は、発話・伝達のモダリティ(3)の下位層として、働きかけ、表出、述べ立て、問いかけの四種を設定する。このとき、発話者の判断・解説を述べ伝えるといった発話・伝達的態度である「述べ立て」のタイプには、その下位類に現象描写文、判定文（判断判定文）、疑いの文を置いている。例文1は、述べ立てのタイプの一類である。述べ立ての下位類として判定文と疑いの文は分けられるが、「疑いの文は、判断に関わるものであることによって、判断判定文と関係を有し、疑いを含んでいることによって、次に述べる（中略）問いかけの文と密接に繋がっている」（45頁）とも述べられる。そのように「判断に関わるものであることによって、判断判定文と関係を有し」ているというのは、例文1は、判定文と近似的だということであろう。判定文は、判断文の典型とも言うべき狭義の判断文である。仁田が「年ごろは二十三、四だろうか」のように「疑いの文は、推量系の判断のモダリティの表現形式を共起させうる」（45頁）とし、「疑いの文は、通常題目を有している」（46頁）と述べているところからすれば、形式上、疑いの文を（広義の）判断文とすることもできるかと考えられる。

一方、「問いかけ」は発話・伝達のモダリティとして述べ立てと並び立つものだが、こちらは発話者が聞き手に情報を求めるといった発話・伝達的態度を表しており、「その言表事態めあてのモダリティが、判断といった認識的なタイプのものと待ち望みといった情意的なタイプのものとに分かたれる」（46～47頁）とされる。仁田によれば、例えば「お前、高校生か」は認識的なタイプ、「僕が見てみましょうか」は情意的なタイプである。例文2は前者に当たり、そこに「は」が使われるのは「判断といった認識的なタイプ」のためである。

仁田義雄（一九八六）では「それが判断文であるのか否かの認定には、その文が判断のムードの分化・対立を持ちうるのか否か、「題目―解説」構造、言い換えれば有題文であるのか否か、といったことがその要件になる。」（59頁）と述べている。その点からすると「判断といった認識的なタイプ」に「は」が現れるからといって、それが直ちに判断文であるとはならない。問いかけの文は、認識的なタイプも情意的なタイプも「判断のムード」が現れにくい点で、判断文としての認定が難しいようにも思われる。とくに「待ち望みといった情意的なタイプ」は、仁田の挙げる「僕が見てみましょうか」「どうしても彼に会いたいの？」「そいじゃま、やりましょうか」を見ても「は」が現れにくいと考えられ、こちらは、一層、判断文としての認定が難しいと思える。

ところが、仁田は、そもそも問いかけの文は「判断のムード」を有していない「訴え型の文」であり、述べ立てのような「演述型の文」とは文のタイプが異なっているとする（57頁）。文のタイプが異なるものを同一線上に扱い、「判断のムード」の有無によって判断文か否かを認定することは避けるべきであろう。

ただ「判断のムードの分化・対立」がないものを判断文の視野で認定することは可能である。仁田義雄（一九九一）によれば、「情意の問いかけ」とは「結局は言表事態に関わるにしても、言表事態そのものではなく、言表事態に対する聞き手の心的態度のあり方が不明であり、それが問いかけの対象となっているものである」とされる（48頁）。そこに発話者の判断があるかという観点では、発話者による問いかけの前提となる、何らかの判断が存在していると見て取れる。例えば「僕が見てみましょうか」では、発話者の「僕が見よう／見るしかない」という判断、「どうしても彼に会いたいの？」では、発話者の「彼に会いたそうである」という判断、「そいじゃま、やりましょうか」では、発話者の「自分がやらなくてはならなそうな状況だ」という判断の存在が推測される。また、疑問詞（＝不定語）を用いるタイプの疑問詞疑問文でも、「誰に殺されたのですか」には発話者の「誰かに殺されたらしい」とか「哀れなことだ」といった判断の存在が想定される。つまり、問いかけの前提となる何らかの判断とは、発話のきっかけとなる事態に対する発話者の判断である。安達太郎（一九九九）は、否定疑問文、「のではないか」、「だろう」、「ではないか」の四形式について「通常の疑問文は話し手の判断が成立しないことを前提として聞き手に問いかける表現であるが、これらの形式はすべて話し手が何らかの見込みを持っている点で共通している」（209頁）と述べている。そのような話し手の「何らかの見込み」は、上記のような発話者の判断に起因するものと考えられる。[5] また、阪倉篤義（一九九三）は「何かの疑念を含んで疑ったり推量したりする、そういう不安定な言い方をすることも、その疑念を晴らしてやりたいという気持ちを、共通の場に居る相手に促し、それによって対話を進行させる効果を持つことになる」（148頁）と述べ、発話者の判断の存在を概論的に示している。ちなみに、仁田は「（人づてに聞いて）そうですか、彼は優勝しましたか」のような「自問納得」に当たる例が「発話時に話し手にとって不明だったことが、発話終了時には明らかになっており、それを話し手が了解・納得したことを表している」（147頁）としている。

狭義の判断文よりも広い視野に立つ判断文として、発話者による何らかの判断が見られる文で、現象描写のような客観的認識とは区別されるもの、すなわち、広義の判断文を設定するならば、総じて、問いかけの文は、広義の判断文の範疇とすることができる。疑問文全般は、ひとまず広義の判断文とは認定し得るということにもなる。

しかしながら、言語使用上の実感として、平叙文としての狭義の判断文と疑問文とは、相当異なる印象である。

3　阿蘇山　は　あのとんがった山々だ。
4　阿蘇山　は　どれだろうか。（疑いの文として）
5　阿蘇山　は　どれか。（問いかけの文として）

3と4・5とを同じ判断文の範疇とは実感し得ないのは、3では発話者が「は」によって「阿蘇山」と「あのとんがった山々だ」とを結び付け、それが題目―解説の構造となって、それらの関係性に断定の判断を下しているのに対し、4では「阿蘇山」がどれか不定・不明である発話者が自問し、また、5では同じ発話者が聞き手に尋ねるものであるため、そこに発話者の判断（3と同等の判断）が存在するとは認定しづらい状況があることによる。

4・5は疑問詞疑問文としての「は」構文である。それらは、仁田義雄（一九九一）によれば「判断の成立を疑い・

放棄する」（138頁）ものと言い得る。(6) このことは「は」が前項で題目を提示しながらも後項で解説を設定しないケースがあることを認める、ということになる。4・5に対し、仮に「阿蘇山がどれか分からない」という事態への判断が見出されても、その判断は「阿蘇山」という題目について解説する3の構造のものとは異質である。この点で、4・5を、3のごとき判断文に同等と見ることはできない。

上述のように、疑問文は、そこに発話者の何らかの判断が窺われるにしても、あくまで狭義の判断文とは異なるタイプとしなければならない。

三、「は」構文としての疑問文

例文4・5のような疑問詞疑問文としての「は」構文が平叙文3の「は」構文と比べて異質であるのは、判断文の構成素となる「は」の後項のあり方の問題である。4・5で言えば、それらは「阿蘇山」という題目について解説すべき「は」の後項が発話者として不定・不明で決定されず、4では構成素二項の結び付きによる判断を留保し、5では解説となる筈の内容の選択判断を聞き手に委ねることをもって、それぞれ「どれだろうか」「どれか」が後置され、そのことで疑問文となる。

このような使用にも「は」が耐え得るのは、「は」の「取り立て」機能の汎用性である。「は」の「取り立て」機能によって判断文が作られることは前述したが、森田良行（二〇〇七）によれば「（「は」の）判断文は「何は？」と「何だ」の二部構成で、時には二者の問答の形で構成されることもある。（中略）時に解答は、話題の事柄や場面からの類推で察しがつく場合、必ずしもその題目についての属性や働きそのものを述べるのではなく、自由に連想によって答えを示していく。」（161～162頁）のである。すなわち、４・５の「阿蘇山は」という問いに対する「解答」は、通常は、具体的事物や属性の筈である。

６　阿蘇山　は　あれだ／熊本の山だ。（具体的事物）
７　阿蘇山　は　大きい／熊本にある。（属性）

しかし、「取り立て」機能の汎用性は、「は」の後項において４・５のように「どれだろうか」「どれか」のように不定・不明の「解答」が来ることを許容する。これは「は」構文では、文としての意味の形成（まとまり）が大切であり、「は」の前項と後項の論理性には必ずしも拘束されないことが要因にある。そのため、次のような疑問文の形式も可能になる。

８　僕／彼　は　どうなるのだろうか。（疑いの文）
９　君／彼　は　何色が好きか。（問いかけの文）

平叙文の「は」構文が、例えば「象は鼻が長い」のような表現構造を持つように、疑問文の「は」構文においても「は」の後項は「どうなるのだろうか」「何色が好きか」といった文の成分でも良い。「は」の結合対象としての主要構成素の表現形式は、語のレベルに留まらず、幅が広い。

このように、疑問詞疑問文としての「は」構文は、「は」が前項と後項という二つの主要構成素の結合に働きつつ、その前項Aが題目となっても、後項が疑問詞とともに不定・不明の内容であることを以て形成されることになる。

A ― は ― 疑問詞による疑問表現

大野晋（一九九三）の指摘した「は」が疑問詞に下接しないことについては、「は」の前項が結果としてほぼ題目を設定するものであることから、そこに不定・不明の内容、および、その表現形式が来ることを許容しないためであると考えられる。「は」の前項に対し、あらかじめ疑問表現が設定されたのでは、その解説を施す余地がなくなるため、そのような典型となる疑問詞＋「は」の形式が存在しないのである。(7)

疑問詞によらず、「特定の命題の真偽を問題にする」タイプの「真偽疑問文」（朝倉書店『日本語学キーワード事典』、一九九七、98頁）の「は」構文はどうなるか。こちらは、例文1・2で確認されるように「熊本は暑いだろう」「熊本は暑い」という判断文の体裁に文末の「か」が加わり、疑問文となるものである。構造上は前項Aが題目となり、後項が「か」による疑問形式の表現になっているという点で、疑問詞疑問文の場合に同類と考えられ、内容的にも「判断の成立を疑い・放棄する」ものと言い得る。

そのように考えれば、総じて疑問文としての「は」構文は、次のような表現構造にあることになる。

※ A ― は ― 疑問表現の内容、および、その表現形式

つまり、疑問文としての「は」構文は、「は」の後項が疑問詞を含む、含まぬにかかわらず、不定・不明の内容・

形式になるという点で、判定文、つまり、狭義の判断文の構造と異なっている。このことを如何に考えるかが疑問文を如何なる判断文と見るかの判断材料である。

文中に「は」がなくても、判断文として述部に題目相当が設定されている転位陰題文や、仁田義雄（一九九一）の指摘する状況陰題文のように「その文が発せられた場面や文脈といった状況が、当の文の題目として機能して」おり、当の「文全体が解説部分である」もの（119頁〜）は、次のように疑問文（10・12は疑い、11・13は問いかけ）が作れる。

10　向こうが勝つだろうか。（「勝つのは向こうだろうか」の転位陰題文）

11　向こうが勝つか。

12　（煙を見て）家が火事だろうか。（「家が火事だ」は状況陰題文）

13　（煙を見て）家が火事か。

つまり、疑問文は「は」ないし「は」構文との関わりを深くするが、「疑いの文は、通常題目を有している」ことからも、寧ろ題目の存在というところが重要ということになる。

四、「も」「こそ」と疑問文

「も」「こそ」については、その使用環境が「は」構文のものとは異なっているため、疑問文としての「は」構文の構造（※）とは異なるところがある。まず、次掲の「も」構文は、同構造のものである。

14 （第三者の「熊本が好きだ」の話題を承けて）君　も　（熊本が）好きか。

しかし、「も」を使用する疑問文の多くは疑問詞を承けてのものである。これは、そもそも「も」の「取り立て」機能がその前項に疑問詞の配置を許すことがあるが、それには類示を表す「も」の意味的背景が「あれもこれも」のように包含的な性質にあり、疑問詞「何」「どこ」のような不定・不明の曖昧さとは結び付き易かったことがあると考えられる。

疑問詞を承ける「も」の疑問文は、形態上は疑問詞を持ちながら、必ず真偽疑問文となるのであり、このとき疑問詞は、もはや疑問詞として働いていない。

15　何　も　知らないのだろうか。（疑いの文）

16　どこ　も　行かないのか。（問いかけの文）

このような疑問詞＋「も」の形式は、「誰も」「いつも」「どれも」など、いずれも平叙文でも使用でき、もはや一語化して「まったく」「全然」の意味相当にも受け取れる。このような「も」を係助詞と見ないなどの議論もあり、よって、疑問詞疑問文としての「も」構文の全てを係助詞のものとして一律に扱うわけにいかないことに留意しなければならない。

また、卓立の「こそ」は、その使用時に複数の事態から最上のものを選択するという判断が働くがゆえ、その前項・

後項とも、不定・不明の内容、および、その表現形式が取られることをほぼ許容しない。前掲の大野は、「こそ」が疑問詞に下接しないことを述べているが、私見では、次例も、よほど作為的なものでない限り、通常は非文である。

17　＊彼　こそ　犯人だろうか。

18　＊明日　こそ　大丈夫か。

このように「も」「こそ」が疑問文の形成に対して直接に、且つ、積極的、主体的に関与する度合いは極めて低いと思われ、係助詞のなかでは専ら「は」が疑問文との関わりを深くするものと考えられる。

五、疑問文は判断文か

概して言えば、疑問文は係助詞のなかでは「は」と関わり、とくに題目との関わりが深い。また、疑問文の「は」構文には、いずれ発話者による何らかの判断の存在が推測されることから、疑問文としての「は」構文は、まずは判断文の範疇にある、と考えられる。(8)

その上で、判定文、つまり、狭義の判断文との関係性について見れば、「は」構文を使用する際の発話者の態度は、題目Aについて後項Bを結び付けようとするものであり、この点は「は」の平叙文も疑問文も共通のものがある。すなわち「AはB」という外見上の構造において、疑問文の「は」構文は、狭義の判断文とほぼ同じものである。

しかし、狭義の判断文では、発話者の判断がAとBの二項そのものへの認定に向かうが、疑問文の「は」構文は、疑問詞疑問文・真偽疑問文とも、そのような環境にない。「は」の後項Bの内容・表現形式が不定・不明であるという点において狭義の判断文の要件を満たしていない。疑問文としての「は」構文は、題目は提示されながらも「解説」(森田によれば「解答」)の設定がなく、つまりは二項の結び付きによる判断文の体裁にはなく、判断文として未完成なものである、と言い得る。

仁田義雄(一九八六)は「現象描写文が現象描写文のまま何ら前提を有することなく疑問文化することはないと言えよう。現象描写文は極めて疑問文になりにくい文である」(68頁)と述べている。そのことをも含め、主観的内容たる判断文と客観的内容たる現象文という指標で捉える上では、疑問文の「は」構文は、後者ではあり得ず、敢えて規定するならば、疑問文とは、判断文の範疇に置かれるものの、判断文となる筈の構成素二項そのものへの判断を下さない(下せない)「未判定文」である。あるいは、疑問文が判断文の範疇であること、および、疑問文としての「は」構文が狭義の判断文の表現構造にあることを重視した名付けであれば「未判定判断文」ということになるだろう。(9)

注

(1) 本書で前述の通り、本章でも判定文(判断判定文)を狭義の判断文とし、これを含む、全ての主観性の高い文を判断文と呼ぶ。

(2) 本書・第七章、第八章を参照。「も」については、井島正博(二〇〇五)が表現構造の段階差を示して用法上の派生関係を述べている。それらの様相も、基本的には、係助詞としての「も」の働きに基づく。また「こそ」の場合、「こそは」「こそが」の用法では「こそ」が副助詞化しているとも考えられるが、それらは「こそ」の転用であり、「こそ」の本質的な働きはあくまで係助詞としてのものである。

(3) 仁田に倣い、文をめぐっての発話時における発話者の発話・伝達的態度のあり方を言う。

（4）　表現形式として「するだろう」「にちがいない」「かもしれない」「みたいだ」「らしい」などがある。

（5）　半藤も、安達と同様に「モダリティは「判断」を実現する手段の一つに過ぎないということも言えるわけであり、いわば「文法化が進んでいない判断」といったものの存在も否定できないことになる」（7頁）という認識にある。

（6）　仁田は、疑いの文に対して「題目として機能している状況を想定しにくいタイプの存在を認めておかなければならないだろう」（46頁）とも述べ、また、疑問詞疑問文については「判断の成立を断ずることができないといったタイプの〈疑い〉を含んで成り立っている」（140頁）としている。本章では、これらも判断文の範疇である。

（7）　そのような不都合を「が」の転位構造が補完する。「が」の転位陰題文は「誰が犯人か」のように疑問詞が文頭に来る疑問詞疑問文を可能とする。半藤英明（二〇〇六）・第二章を参照。そのような疑問詞疑問文は、疑問詞疑問文としての「は」構文に準ずる文のタイプとして考えることができると思われる。

（8）　一般に、韓国語と日本語の助詞の使用は近似的とされる。朴序敬（二〇〇一）によれば、指定詞（断定の助動詞に相当）を使った疑問詞疑問文で疑問詞が述語にある場合には、主部に**nun**（は）ではなく、**ga**（が）が用いられ、このような**ga**は格助詞の機能を超えて主題提示の機能に働いているとされる（ちなみに**ga**は格助詞の複合形式、日本語で言えば「にが」「とが」を作り得る）。韓国語の、このような表現形式は、少なくとも判断文の範疇にあるということができる。

（9）　疑問文全般に対しても「未判定文」という位置付けは可能であろう。聞き手からの回答を求める疑問文に発話者の立場から見て如何なる判断の状況があるかを考えれば、自らの判断が下せないという「判断」の状況が考えられる。

参考文献

安達太郎（一九九九）『日本語疑問文における判断の諸相』くろしお出版
井島正博（二〇〇五）「モの機能と構造」『成蹊大学文学部紀要』第40号
大野　晋（一九九三）『係り結びの研究』岩波書店
阪倉篤義（一九九三）『日本語表現の流れ』岩波書店
仁田義雄（一九八六）「現象描写文をめぐって」『日本語学』第5巻第2号

――――（一九九一）『日本語のモダリティと人称』ひつじ書房
朴　序敬（二〇〇一）「疑問文における「は」と「が」及び「nun」と「ga」」『ことばの科学』（名古屋大学言語文化部言語文化研究会）vol.14
半藤英明（二〇〇六）『日本語助詞の文法』新典社
宮崎和人（二〇〇五）『現代日本語の疑問表現―疑いと確認要求―』ひつじ書房
森田良行（二〇〇七）『助詞・助動詞の辞典』東京堂出版

第十二章　係助詞と疑問詞の関わり

一、論点

係助詞は、疑問詞を承けるものと、そうでないものとがある。そのことが如何なる意味を持つのかを考える。本章では、厳密には、疑問詞に下接（＝直結）する係助詞を問題とする。

富士谷成章『あゆひ抄』は「か」と「や」について疑問詞を承ける、承けないの指摘をした（巻一、十一丁表）が、大野晋（一九九三）では、疑問詞を承ける係助詞として「も」「ぞ」「か」を、承けない係助詞として「は」「こそ」「なむ」「や」を指摘し、「係助詞には疑問詞を承けるものと、承けないものとの二系列がある。系列はそれぞれに属する係助詞の機能を考える上で重要な役割をする」（29頁）とした。

係助詞は、これまで縷々述べてきたように、(1)「取り立て」機能により、前項と後項とを結合し、それらを情報的に特化して判断文を形成するものである。「取り立て」機能は、さまざまな表現構成に適応でき、その結果として、係助詞は、かなり多様な表現を作り得る。疑問詞を承ける係助詞とは「取り立て」機能が前項の疑問詞と後項との結合を可能とし、係助詞が疑問文の構成にも適用できることを示すものである。

係助詞に疑問詞を承けるものと、そうでないものがあることは、まずは、個々の係助詞の個性がそれぞれの構文内への疑問詞の取り込みに馴染むか否かの問題である、と考えられる。例えば「は」は、題目を立て、それについての解説を施す構造を構文上の中心的個性とする。題目にかかる解説が「は」の役割である上では、不定であり不明であることを表す疑問詞そのものには解説を設定できず、疑問詞が題目の位置に立てないことから「は」は疑問詞を承けない。また、「こそ」のように複数の事態のなかから最上のものを卓立する働きも、疑問文の構成とは結び付かないことから「こそ」も疑問詞を承けない、と考えられる（「なむ」「や」は後述）。

前章のように「地球は｜丸いか」「君は｜誰か」などの「は」による疑問文を（広義の）判断文の範疇と見做すとき[2]、それらは係助詞構文としての「は」構文の一環と位置付けられるが、疑問詞に下接する「も」「ぞ」「か」は、判断文を作る係助詞構文の構造としては異例であり、より疑問文の構成に適した個性を持っているということになるであろう。しかし、疑問詞下接の「も」は「何も｜しないのか／何も｜しない」「誰も｜いないのか／誰も｜いない」のように疑問文をも平叙文をも作り、しかも、それらの「何も」が「すべて」「まったく」、「誰も」が「ひとりとして」「まったく」のような意味にも解釈されることからは、疑問詞と係助詞の直接的な結合では、疑問詞が無力化してしまう場合があることを示しており、このような「も」が機能上、「彼も｜犯人だ／彼も｜犯人か」といった係助詞構文としての通常の「も」の働きと同等のものかということは検討する必要がある。この問題を古典語をも視野として考える。

二、古典語「も」「ぞ」「か」の場合

疑問詞を承ける係助詞「も」「ぞ」「か」の例として、大野晋（一九九三）は「も」に「いくだも」「幾日も」「何時も」「何時の間も」「いくばくも」「誰とふ人も」など、「ぞ（上代は「そ」）」に「何ぞ」「何時ぞ」「誰が子ぞ」など、「か」に「何時か」「何時の間か」「いづくか」「誰か」「何か」「いつか」「いづれか」などを挙げている。[3] 大野は、疑問詞を承ける係助詞が「未知あるいは不確定あるいは不確実あるいは否定あるいは推量あるいは新情報にかかわる」（37頁）と述べ、それらの共通性を説明する。それにしても、疑問詞を承ける係助詞、とくに疑問詞下接の「も」「ぞ」「か」は、どれも通常の係助詞の働きと言えるだろうか。仁田義雄（二〇一〇）には「WH疑問文（半藤注、疑問詞疑問文に同じ）の成立には、係り用法としての「か」「や」の出現は必須ではない」（368頁）とあり、そのことは「も」「ぞ」についても言い得るが、なれば、そのような係助詞としての働きは補助的、補完的なものということになる。

係助詞の「取り立て」機能は、基本的に、古典語、現代語を通じて歴史的一貫性を保っており、係結び形式を取る古典語の係助詞にも全般的に存在すると見る。その点からすれば、古典語「も」「ぞ」の係助詞としての働きも、「取り立て」機能により前項と後項とを結合して判断文を形成することであるし、古典語「か」の場合には、結果として、疑問文を形成することである。そのような「も」「ぞ」「か」のあり方を、韻文として上代から万葉集（字母は省略した）、散文として中古から枕草子を主に取り上げて確認してみる。

1　み吉野の山の嵐の寒けくにはたや今夜もわが独り寝む　（万葉、七四）

2　八日、人々よろこびして走りさわぐ車の音も、常よりはことに聞えて、をかし。（枕、三）

3　咲く花の色はかはらずももしきの大宮人ぞ立ち易《かは》りける（万葉、一〇六一）

4　秋の果てぞ、いと見所なき。（枕、七〇）

例文1では「今夜」も「独り寝む」、2では「人々が喜んで走り騒ぐ車の音」も「趣深い」と述べ、それぞれ「いつもの独り寝のように」「人々の声が賑やかながら」のような暗示的意味を伴いつつ、前項と後項とを結合して判断文を作っている。3、4の「ぞ」は、それぞれの前項「大宮人」「秋の果て」と後項「立ち易りける」「いと見所なき」とを結び付けて判断文としている。「ぞ」の判断文とは、仁田義雄（二〇一〇）によれば「強調・指示の判断文」（370頁）である。次例のように状態性の表現であっても、係助詞構文であるからには判断文である。

5　清涼殿の丑寅の隅の、北のへだてなる御障子には、荒海のかた、生きたる物どものおそろしげなる、手長足長をぞかかれたる。（枕、二〇）

この「…手長足長をぞかかれたる」は「…手長足長をかかれたる」という単なる状態を述べたものとは異なり、発話者の認識として「…手長足長が画かれているのだ／画かれております」といった解釈ができる判断文である。次に「か」の場合である。

6　風吹けば波か立たむと伺候《さもらひ》に都太《つだ》の細江に浦隠り居り（万葉、九四五）

7　御食《みけ》向ふ南淵《みなぶち》山の巌には落《ふ》りしはだれか消え残りたる　（万葉、一七〇九）
8　なでふ事かあらむ。　（枕、一二三）
9　うしろざまに「たれたれか侍る」と問ふほどこそをかしけれ。　（枕、五八）
10　ほかより来たる者などぞ、「殿は何にかならせたまへる」など問ふ。　（枕、二二）
11　「職へなむまゐる。ことづけやある。いつかまゐる」などのたまふ。　（枕、八七）

例文は、6「波は立つだろうか」、7「はだれ（＝薄雪）は消え残っているか」、8「何事があろうか」、9「だれだれは控えているか」、10「殿は何におなりであるか」、11「いつ参上するのか」の意の疑問表現である。いずれの「か」も、それぞれ前項「波」「はだれ」「なでふ事」「たれたれ」「何に」「いつ」と後項「立たむ」「消え残りたる」「あらむ」「侍る」「ならせたまへる」「まゐる」とを結合していると見て取れる。柳田征司（一九八五）は、係助詞「や」「か」が「助詞「ヤ」や「カ」が下接しているところの、その語句について疑問を発している」（129頁）としており、その観点からすれば、6「立つのは波だろうか」、7「消え残っているのは降ったはだれか」、8「起こったのは何事か」、9「控えているのはだれだれか」、10「殿は、なりなさったのは何にか」、11「参上するのはいつか」のような現代語解釈となろうが、そうであるにしても「か」は前項と後項との結合点である。

仁田義雄（二〇一〇）は「か、や―連体形結びは、Yes-No疑問文（半藤注、真偽疑問文に同じ）を作り、「か」「や」は疑問の対象となる項を指し示している」（369頁）としているが、これは、8、10、11のような疑問詞疑問文についても「か」が疑問の対象を指示するということであると思われる。[4] しかし、前掲のように、疑問詞疑問文は、係助詞「か」「や」が必須ではない。その観点では、疑問詞疑問文を含む6～11の疑問文は、「か」を省略しても違和感がなく、「か」の存在が必須でないように思われる。なれば、それらの「か」は「波立たむ」「はだれ消え残りたり」「なでふ事あらむ」「たれたれ侍る」「何にならせたまへる」「いつまゐる」という文を「か」の係結びによる疑問文へと転換する役割にあるものと考えられる。8、10、11については、もともと疑問文であったものを「か」による係結びの疑問文、いわば強調的な疑問文へと再構成するものである。

顧みれば、1〜5の「も」「ぞ」も、文に不可欠の存在ではないようである。それらも「今夜〔φ〕わが独り寝む」「車の音〔φ〕、常よりはことに聞えて、をかし」「大宮人〔φ〕立ち易《かは》りけり」「秋の果て〔φ〕、いと見所なし」「手長足長を〔φ〕かかれたり」という文を「も」「ぞ」の使用によって「も」は係助詞構文、「ぞ」は係結び構文へと再構成したものと考えられる。

しかし、疑問詞そのものに直結する「も」「ぞ」「か」では、それらとは異なる状況を示す場合がある。

12　前年の先つ年より今年まで恋ふれど何《な》ぞも妹に逢ひ難き　（万葉、七八三）

13　狩衣は何もうちなればみたる、走る車の方などに、のどやかにてうち添ひたるこそ、わる者とは見えね、なほ、おほかたなりあしくて、人使ふはわろかり。　（枕、六一）

14　多麻川に曝す手作りさらさらに何《なに》そこの児のここだ愛しき　（万葉、三三七三）

15　なんぞいたづらに休みをらん。　（方丈記）

16　「何かめでたからむ。いとにくし。ゆゆしき者にこそあンなれ」　（枕、四二）

17　「たれかかかる事をさへ言ひ聞かせけむ。『それさなせそ』と語らふなり」　（枕、五七）

例文12は「どうしてあなたに逢えないのか」の意であり、既に副詞的な「何ぞ」に更に「も」が下接したもので、「も」の存在が不可欠ではないが、「何ぞも」全体が一つの副詞のようになっている。13は「狩衣は何も（どこもかしこも）着古している様子である（男が）」の意であり、連体節であることからも、もはや「何も」は「どこもかしこも」という副詞相当に一語化しており、「何」と「うちなればみたる」とを「も」が結び付けているものではない。14は「どうしてこの児がこうも愛しいのか」、15は「どうしてじっと休んでいる必要があろうか」の意であり、「何ぞ」「なんぞ」が副詞化して「どうして」相当になっており、「そ」「ぞ」が前項「何」「なん」と後項「ここだ愛しき」「いたづらに休みをらん」とを結合しているとは考えられない。16の「か」は「何」と「めでたからむ」とを結合していると考えられるが、解釈上「どうしてすばらしいことがあるか」ともなり、「何か」が「どうして」相当に一語化して一つの疑問詞になっているとも見ることができる。17は「誰があんな事をまで（あなたに）言って聞かせたのだろうか」の意であるが、これも「か」が前項「たれ」と後項「言ひ聞かせけむ」を結合しているというよりも「たれか」全体が「言ひ聞かせけむ」にかかっていると思える。このような「も」「ぞ」「か」は、文中から欠くと非文になるか、または、文としての据わりが悪くなり、不自然となるものが多い。

この直観が正しいとすれば、係助詞「も」「ぞ」「か」は、体言、および、連用成分を承ける場合と、12〜17のような場合とでは、機能上の性質を異にしている可能性がある。阪倉篤義（一九九三）は「たれぞ」「なんぞ」「どなたか」「どこか」のように「一語の不定詞のようになったもの」は「ぞ」「か」が「接尾語化している」（201頁）とする。その点では、例文13〜15の「も」「ぞ（そ）」、17の「か」は接尾語化していると見ることができる。大野による疑問詞下接の「も」「ぞ」「か」の例も、ほぼ一語として理解できる。なお、12、16のように前項と後項の関係構成をしているとも一語化しているとも解釈できるものについては、本来の係助詞の機能である「結合を取り立てる」働きが「接尾語化」するまでの過程段階にあるものと見ることができる。その観点からは「も」「ぞ」「か」には機能上の段階差がある。

上述の前提で言えば、「なむ」「や」が疑問詞を承けないことは、特定の構文を選ぶ、すなわち、疑問詞を承けないという点で、結果的に「ぞ」よりも「なむ」、「か」よりも「や」の「取り立て」機能が限定的であること、また、疑問詞とともに一語化する性質を持たないことでは、「なむ」「や」(「は」「こそ」をも含む)が関係構成機能に優れており、「も」「ぞ」「か」がそれらよりも弱いと判断できることを示している。

三、現代語「も」と「ぞ」「か」

現代語の係助詞と認め得るのは「は」「も」「こそ」である。このなかでは「も」が疑問詞に下接する。「いつも」「だれも」「どこも」「なにも」のごとくである(「いつか」「だれか」「どこか」などの「か」は体言の構成素にもなり、もはや係助詞ではない)。いずれも平叙文でも使用でき、その場合には、疑問詞が無力化して疑問詞＋「も」の形式が副詞相当に一語化したものとして解釈できる。「すべて」の意の「だれも」「どこも」は「が」を伴い体言的にも使用できるが、他の格助詞が下接しにくい上では、その場合でも、完全に体言化しているとまでは言い難い。

18　いつも勉強ばかりしている。　↓　「常に」相当

19　だれも悪くはない。　↓　「ひとりとして・すべて」相当　(↓○だれもが)

20　どこも水浸しだ。　↓　「すべて」相当　(↓○どこもが)

21　なにも不安はない。　→「まったく」相当

「も」が疑問詞に下接する背景については、同類の事態が他にもあることを表す「も」の働き（=類示）が「あれもこれも」のように包含的な性質にあり、そのような語性が疑問詞の不定・不明のものを表すという語性と結び付き易かったことがある、と推察する。[5] そのような疑問詞＋「も」の形式が副詞相当に一語化するのは、疑問詞を直接に承けて取り立てることが体言や連用成分の「取り立て」とは異なるものであった、ということによる。

「も」の基本的な「取り立て」は、前項と後項とを結合して同類の事態が他にあるという判断を示すことである。このとき、「も」の判断には「は」構文との対応がある。

22　彼も犯人だ。

この発話は「Aは犯人だ」というような発話環境を承けてのものである筈で、意識下には同構造の「は」構文との対応がある。このような「も」構文は、「は」構文がそうであるように、真偽疑問文を作る。

23　Aは犯人（である）か。／彼も犯人（である）か。

このような疑問文での「は」「も」の「取り立て」機能は、平叙文と同様に、前項と後項との結合に働いていると考えられる。「も」構文が「は」構文を承けて他の類示に働く上では、「は」と「も」の関係性は密接である。

ところが「は」が前項で疑問詞を取り得ず、疑問詞は後項に配置するのに対し、「も」が疑問詞を承け、かえって後項には取りにくい上では、「は」構文と「も」構文との密接な関係性は築きにくい。疑問詞下接の「も」構文は、「は」構文を意識する環境下のものではなく、寧ろ個別的、自立的なものである。そのような関係性のなかでは「も」構文独自の論理性が生じ、そこに「も」の機能上の転化もあると見られる。

「も」は、前項に疑問詞を配置するが、それに後項を結合しても、通常の「も」構文のような類示の働きを意味的に実現することがはかれない。そのような「も」の使用は「も」構文として特殊なことになる。疑問詞下接の「も」は「取り立て」機能を以て後項と結合して意味的な情報を示すことの必然性が弱い、ということである。そのことで、疑問詞＋「も」が一語化に向かうような機能的変化が促進されるのではないか。このことは「も」（および「ぞ」「か」）の関係構成機能が「は」「こそ」「なむ」「や」に及ばず、それらよりも弱いとする前述の推測からすれば、尚更のことである。

そこで振り返れば、古典語の「ぞ」「か」についても、疑問詞を承けることは、用法上、特殊なことではなかったか。通説によれば「ぞ」の働きとは指示的強調であり、「具体的な事実に関して、客観的に叙述する態度で強調する表現」[6]である。そのことで言えば、疑問詞を承け、後項と結び付けて意味的実現をはかることには不都合があったと考えられる。

「か」については「本質的には事態を不明として疑う助詞」[7]であったことから、「も」と同様に、直前の疑問詞とは融合し易い近接性があったと判断される。此島正年（一九六六）によれば「「か」は、用言を受けるばあいも、叙述を連体形によって体言化してそれに疑問点をおくもので、相手に問いかけるよりも疑いそのものに重点があるのであろう」（371頁）とある。なれば「か」は潜在的に疑問詞とともに体言化する性質にあったことが考えられる。文中の

「か」の役割変化、不定詞化については、終助詞「か」が疑問表現を専ら担うようになる歴史とも繋がっていよう。つまり「も」「ぞ」「か」は、疑問詞を承けることができたものの、文としての意味的な構成上の問題から疑問詞との一体化に向かうような蓋然性を持っていた、と考えられる。

四、疑問詞と述語の関係

疑問詞と「も」「ぞ」「か」の一体化には、係助詞側の問題の他に、疑問詞側の問題をも考慮する必要がある。ここでは、係助詞「は」の働きに基づいて、疑問詞と述語との関係を考えてみる。

『日本語文法大辞典』（明治書院、二〇〇一）には「「は」は、一つのまとまりとしての文を「―は」部と述部に区切り、それを改めて結合することによって判断を確立している。このような「は」の働きは「二分結合」と呼ばれることがある」（野村剛史執筆）とある。「二分結合」の働き、意義については本書・第九章で述べた通りであるが、少し詳しく確認すれば、青木伶子（一九八六）に次のようにある。

「は」助詞は、述語成分とそれにかかりゆく成分との結合を強める助詞であるが、述語と一体的従属関係にある成分の場合には、その従属関係を一旦断ち切つて然る後に結合する。そのやうな関係をもつものには諸格成分即ち補充成分や、連用修飾成分があり、また述語そのものを一体的に形成してゐる要素がある。（15頁）

この結合は、切断する以前の統括機能を恢復するものではなく、両者全く対等のものとしての関係を新たに成立

せしめる。　　　　　　　　　　　　　　　　　（6頁）

このように「は」は、日本語の文の中心的存在である述語と従属関係にある格成分・連用成分に対し、これを述語の支配下から分断し、その上で述語と対等な資格になるものとして結合する。簡単に例示しよう。

24　雨が降る。　→　雨は降る。

25　失礼をいたします。　→　失礼をばいたします。

これらの格成分「雨が」「失礼を」は、それぞれの述語「降る」「いたします（＝する）」において、本来的、且つ、潜在的に設定されている格関係を明示化したものである。すなわち、格成分は、あらかじめ何らかの述語と結び付く筈の必然性を持っており、その意味で述語に対して従属的である。

そのような関係のものを「は」の「二分結合」が情報的に対等なものとして結合する。すなわち「二項対等結合」である（本書・第九章）。24「雨は降る」は「雨が降る」に比べて強調的、且つ、詩的にも感じられる。これは「雨が降る」が描写的表現、すなわち、現象文であり、「雨は降る」が判断文であることも要因であるが、理論的には、後者は格成分と述語とが対等になっていることがある。これが、係助詞「は」による構文上の再構成の働きである。25「失礼をばいたします」は、もともと「失礼をいたします」を「は」で再構成したものである。つまり、係助詞はそれぞれの「取り立て」機能により前項と後項との結合に働きつつ、意味的な再構成に働いている。

このような論理は、疑問表現の場合にも適合するだろうか。

26　何が降るか。
27　どこを渡るか。

山口堯二（一九九〇）では「典型的な疑問表現というものは、内面の疑念とその解消をめざす問いかけとに基づき、かつ、それを示す表現であると考えてよいだろう」（6〜7頁）としている。疑問詞とは、述語と従属的に存在する成分が発話者として選択表示できない場合、その情報を他者（聞き手）に求めるために生ずる要素である。26は「降る」主体が発話者として具体的に表示し得ない場合、その情報を他者に求める環境下で作られる疑問詞疑問文である。27も「渡る」場所・対象が不定・不明であるとき、発話者がその情報を他者に求める形で作られる疑問詞疑問文である。なれば「何」「どこ」という疑問詞そのものは、当然、述語と一体的・従属的な存在ではない。「何が」「どこを」と述語との関係性は、通常の格成分・連用成分と述語との関係性とは異なるものである。

そのような疑問詞であるから、これを「も」、および、古典語「ぞ」「か」が文の構成素として取り立てて後項と結合することは、係助詞として常態的なことではなかったと思われる。係助詞の働きが前項と後項との意味的な再構成にあると見れば、「も」「ぞ」「か」が疑問詞を前項とし得ても、それと後項の述語との結合が構文上の再構成には当たらぬことから、そのような環境であることも「も」「ぞ」「か」の機能上の変質に関係したのではないか。

つまり、疑問詞に下接することができた係助詞「も」「ぞ」「か」は、そのことに伴って係助詞としての働きを発揮できない、あるいは、発揮する必要のない状況下において機能的に転化し、直前の疑問詞と一体化して一語化に向かい、副詞的用法としての意味的な派生を遂げたものと考えられる。

五、まとめ

係助詞の「取り立て」機能は、結合能力に優れ、前項と後項とでさまざまなものを結合し、そのことは係助詞「も」「ぞ」「か」が前項に疑問詞を取り得ることにも繋がっている。(8)

しかし、疑問詞が格成分・連用成分のように述語と一体的・従属的な関係性で捉えられないことでは、疑問詞下接の係助詞は、その本来的な働きである構文上の意味的再構成に応じ得ず、また、疑問詞下接の「も」「ぞ」「か」が、意味的構成上、疑問詞と応ずべき後項の情報を求めにくい結果として、それらは前項の疑問詞と融合し一語化して、意味的にも平叙文での使用を可能とするようなものを派生して副詞化する。

つまり、本来は関係構成機能に優れる係助詞であるが、疑問詞下接の「も」「ぞ」「か」の場合には、係助詞としての「取り立て」機能を変質させ、関係構成機能を減退させて、ほぼ前項（すなわち疑問詞）の補助的、補完的な役割になる、ということになる。それを接尾語と呼ぶかはともかくも、概して「接尾語化している」とは言い得るであろう。

なれば、疑問詞を承ける係助詞は、疑問詞下接のものを非係助詞の典型とする点において、助詞の働きとして一様ではないということになるのである。

注

（1）半藤英明（二〇〇三）、（二〇〇六）、および、本書で述べた通りである。

(2) 本書・第十一章において「は」構文による疑問文が判断文の範疇であることを述べた。
(3) 大野晋（一九八五）では「など」「なぞ」を承ける「や」は「本来のヤの用法でなかった」としている。32頁。
(4) 山口堯二（一九九〇）は、疑問詞を承ける「か」を典型として「(「か」は）疑問点の指示性とそれに伴う主体内面の疑念解消志向の表示性が強く、「や」には対他的な解答要求志向の表示性、さらには確認・反語性の表現における正答確認志向の表示性が強いといってよいだろう」（113頁）とする。半藤は、係助詞としての「か」の働きは文全体に及ぶと見ている。
(5) 「も」が詠嘆性を持つことや、また「いかにも」「はかなくも」など、さまざまな副詞と結合し易かったことも要因の一つかと考えられる。「ぞ」「か」が疑問詞を承け得た背景についても「さぞ」「あれか（にもあらず）」など、上接語と結合し易かったことがあると考えられる。
(6) 長尾高明（一九八七）8頁。
(7) 大野晋（一九九三）266頁。
(8) 本書・第十章、第十一章で既述のように、題目を「判断文の主要構成素となる二項のうちの前項」とする上では、疑問詞が判断文の主要構成素とは判断しにくいこと、更に、疑問詞下接の「も」「ぞ」「か」が補助的、補完的なものであることからも、疑問詞は題目とならない。

参考文献

青木伶子（一九八六）「「は」助詞は所謂「陳述」を支配するに非ず?」『国語国文』第55巻第3号
大野　晋（一九八五）「日本語の構文―係助詞の役割（四）―」『文学』第53巻第7号
――――（一九九三）『係り結びの研究』岩波書店
此島正年（一九六六）『国語助詞の研究　助詞史素描』桜楓社
阪倉篤義（一九九三）『日本語表現の流れ』岩波書店
長尾高明（一九八七）「古文解釈と助詞―強調表現について―」『国文法講座3』明治書院

仁田義雄（二〇一〇）『仁田義雄日本語文法著作選第4巻　日本語文法の記述的研究を求めて』ひつじ書房（一九八四年に「係結びについて」『研究資料日本文法5』明治書院で発表）
半藤英明（二〇〇三）『係助詞と係結びの本質』新典社
――――（二〇〇六）『日本語助詞の文法』新典社
柳田征司（一九八五）『室町時代の国語』東京堂出版
山口堯二（一九九〇）『日本語疑問表現通史』明治書院

引用

・万葉集…小路一光『萬葉集助詞の研究』（笠間書院、一九八八）但し、表記を改めたところがある。
・枕草子…『日本古典文学全集』（小学館、一九七四）
・方丈記…『日本古典文学全集』（小学館、一九七一）

参考文献一覧

あ行

相原　和邦（一九八〇）「漱石作品の文体を分析する」『国文学　解釈と教材の研究』第25巻第10号

青木　伶子（一九八六）「「は」助詞は所謂「陳述」を支配するに非ず?」『国語国文』第55巻第3号

――――（一九八八）「車は急には止まれない―「は」助詞のはたらき―」『国語国文』第57巻第8号

――――（一九九〇）「「は」助詞と連体修飾」『成蹊大学文学部紀要』第26号

――――（一九九二）『現代語助詞「は」の構文論的研究』笠間書院

赤井　恵子（一九八三）「「草枕」研究史外観」『方位』（熊本近代文学研究会）第6号

淺山　友貴（二〇〇四）『現代日本語における「は」と「が」の意味と機能』第一書房

安達　太郎（一九九九）『日本語疑問文における判断の諸相』くろしお出版

渥美　孝子（二〇一三）「夏目漱石『草枕』―絵画小説という試み―」『国語と国文学』第90巻第11号

案野　香子（一九九三）「副助詞と文の成分」『語文論叢』（千葉大学）21号

井口　厚夫（一九九五）「主題「ハ」を含む連体修飾節の客体化」『國學院雑誌』第96巻第11号

石神　照雄（二〇一〇）「物語り文と品定め文」『人文科学論集〈文化コミュニケーション学科編〉』（信州大学）第44号

石原　千秋（二〇〇四）『漱石と三人の読者』講談社現代新書

井島　正博（二〇〇五）「モの機能と構造」『成蹊大学文学部紀要』第40号
伊藤　博（一九八三）『萬葉のあゆみ』塙新書
大島　資生（二〇〇三）「連体修飾の構造」『朝倉日本語講座5　文法Ⅰ』朝倉書店
大野　晋（一九七八）『日本語の文法を考える』岩波新書
――――（一九八〇）『日本語の世界1　日本語の成立』中央公論社
――――（一九八五）「日本語の構文―係助詞の役割（四）―」『文学』第53巻第7号
――――（一九九三）『係り結びの研究』岩波書店
――――（二〇〇六）『語学と文学の間』岩波現代文庫（一九六七年に「日本人の思考と日本語」『文学』12月号で発表）
尾上　圭介（一九八一）「「は」の係助詞性と表現的機能」『国語と国文学』第58巻第5号
――――（一九九五）「「は」の意味分化の論理――題目提示と対比」『言語』第24巻第11号
――――（二〇〇一）『文法と意味Ⅰ』くろしお出版
――――（二〇〇二）「係助詞の二種」『国語と国文学』第79巻第8号
――――（二〇〇四）「主語と述語をめぐる文法」『朝倉日本語講座6　文法Ⅱ』朝倉書店
――――（二〇〇六）「存在承認と希求―主語述語発生の原理―」『国語と国文学』第83巻第10号

か行

加藤　重広（二〇〇六）『日本語文法　入門ハンドブック』研究社
亀井　秀雄（二〇一三）『主体と文体の歴史』ひつじ書房

菊地　康人（二〇〇一）「〈形〉と〈意味〉を結ぶ〈文法〉を追う魅力――「は」や、とりたての構文を例に」『国文学　解釈と教材の研究』第46巻第2号
北川扶生子（二〇一二）『漱石の文法』水声社
北原　保雄（一九七三）「補充成分と連用修飾成分―渡辺実氏の連用成分についての再検討―」『国語学』第95集
――――（一九八一）『日本語助動詞の研究』大修館書店
――――（一九八一）『日本語の世界6　日本語の文法』中央公論社
――――（一九九六）『表現文法の方法』大修館書店
――――（二〇〇一）「格機能の弛緩」『日本語史研究の課題』武蔵野書院
木村　洋（二〇一五）『文学熱の時代　慷慨から煩悶へ』名古屋大学出版会
久野　暲（一九七三）『日本文法研究』大修館書店
黒田　成幸（二〇〇五）『日本語からみた生成文法』岩波書店
小池　清治（一九九九）「「鳥がペットだ。」の「が」は格助詞か。＝格助詞の「が」とは別に係助詞としての「が」あるという説＝」『十文字学園女子短期大学研究紀要』第30集
小路　一光（一九八八）『萬葉集助詞の研究』笠間書院
此島　正年（一九六六）『国語助詞の研究　助詞史素描』桜楓社

さ行

阪倉　篤義（一九九三）『日本語表現の流れ』岩波書店

澤田美恵子（二〇〇〇）「「とりたて」という概念の創出」『日本語学』第19巻第5号
重見　一行（一九九四）『助詞の構文機能研究』和泉書院
柴谷　方良（一九九〇）「助詞の意味と機能について――「は」と「が」を中心に」『文法と意味の間――国広哲弥教授還暦退官記念論文集』くろしお出版
須永　哲矢（二〇一〇）「文の分析と主語――「主語」を問う視点」『国文学　解釈と鑑賞』第75巻第7号

た行

高山　道代（二〇〇六）「絶対格的名詞――φの展開」『日本語文法学会第7回大会発表予稿集』
高山　善行（二〇〇二）『日本語モダリティの史的研究』ひつじ書房
田口久美子（二〇一五）「明治初期の演説における一人称代名詞主語の表現について―明六社と自由民権運動の演説をもとに―」『文学・語学』第213号
竹林　一志（二〇〇四）『現代日本語における主部の本質と諸相』くろしお出版
多田　知子（二〇一二）「副助詞の概念ととりたて助詞の概念」『青山語文』第42号
塚原　鉄雄（二〇〇二）『国語構文の成分機構』新典社
蔦　　清行（二〇〇六）「終止のコソ」『国語国文』第75巻第5号
寺田　　透（一九七七）『『草枕』の文章』『文芸読本　夏目漱石Ⅱ』河出書房新社
寺村　秀夫（一九九一）『日本語のシンタクスと意味Ⅲ』くろしお出版
時枝　誠記（一九四一）『国語学原論――言語過程の成立とその展開』岩波書店

――――（一九五〇）『日本文法 口語篇』岩波書店

な行

長尾 高明（一九八七）「古文解釈と助詞―強調表現について―」『国文法講座3』明治書院
中島 文雄（一九八七）『日本語の構造―英語との対比―』岩波新書
中西 進（一九七五）『神々と人間』講談社現代新書
仁田 義雄（一九八六）「現象描写文をめぐって」『日本語学』第5巻第2号
――――（一九九一）『日本語のモダリティと人称』ひつじ書房
――――（一九九三）「日本語の格を求めて」『日本語の格をめぐって』くろしお出版
――――（二〇〇五）「名詞文についての覚え書」『日本語学の蓄積と展望』明治書院
――――（二〇〇七）「日本語の主語をめぐって」『国語と国文学』第84巻第6号
――――（二〇一〇）『仁田義雄日本語文法著作選第4巻 日本語文法の記述的研究を求めて』ひつじ書房（一九八四年に「係結びについて」『研究資料日本文法5』明治書院で発表）
丹羽 哲也（二〇〇四）「主語と題目語」『朝倉日本語講座6 文法Ⅱ』朝倉書店
――――（二〇〇六）『日本語の題目文』和泉書院
――――（二〇〇六）「「取り立て」の概念と「取り立て助詞」の設定について」『文学史研究』（大阪市立大学）46
沼田 善子（二〇〇九）『現代日本語とりたて詞の研究』ひつじ書房
野田 尚史（一九九五）「文の階層構造からみた主題ととりたて」『日本語の主題と取り立て』くろしお出版

――――（一九九六）『新日本語文法選書1　「は」と「が」』くろしお出版
――――（二〇〇二）「主語と主題――複合的な概念である「主語」の解体に向けて」『言語』30周年記念別冊
――――（二〇〇三）「モダリティ形式の分類」『国語学』第54巻第1号
野村　剛史（二〇一三）『日本語スタンダードの歴史　ミヤコ言葉から言文一致まで』岩波書店

は行

朴　序敬（二〇〇一）「疑問文における「は」と「が」及び「nun」と「ga」」『ことばの科学』（名古屋大学言語文化部言語文化研究会）vol. 14
半藤　英明（二〇〇三）『係助詞と係結びの本質』新典社
――――（二〇〇六）『日本語助詞の文法』新典社
――――（二〇〇八）「現代語助動詞「た」の原理」『熊本県立大学文学部紀要』第14巻
――――（二〇一二）「終助詞とモダリティ」『ひつじ意味論講座4　モダリティⅡ：事例研究』ひつじ書房
古郡　康人（二〇〇一）「夏目漱石「草枕」について」『静岡英和女学院短期大学紀要』第33号
古田　亮（二〇一四）『特講　漱石の美術世界』岩波現代全書
堀川　智也（二〇〇五）「「典型的な題目」の意味的立場」『日本語文法』5巻1号
――――（二〇〇七）「私の日本語学・文法研究から―題目語と格成分の関係―」『日本語学』第26巻第10号
――――（二〇一二）『日本語の「主題」』ひつじ書房

ま行

益岡　隆志（一九九一）『モダリティの文法』くろしお出版
――――（一九九七）『新日本語文法選書2　複文』くろしお出版
――――（二〇〇〇）『日本語文法の諸相』くろしお出版
――――（二〇〇七）書評「丹羽哲也著『日本語の題目文』」『日本語の研究』第3巻4号
――――（二〇〇九）「連体節表現の構文と意味」『言語』第38巻第1号
松下大三郎（一九七四）『改撰標準日本文法』徳田政信編、勉誠社（一九三〇年に中文館書店から刊行）
丸山　直子（一九九六）「助詞の脱落現象」『言語』第25巻第1号
三上　章（一九七五）『三上章論文集』くろしお出版
宮崎　和人（二〇〇五）『現代日本語の疑問表現―疑いと確認要求―』ひつじ書房
森重　敏（一九七七）『日本文法通論』（新装版）風間書房
森田　良行（二〇〇七）『日本語質問箱』角川ソフィア文庫
――――（二〇〇七）『助詞・助動詞の辞典』東京堂出版
森野　崇（一九八四）「『万葉集』における助詞「は」の用法―「主題」・「とりたて」をめぐって―」『国文学研究』（早稲田大学）第82号

や行

柳田　征司（一九八五）『室町時代の国語』東京堂出版

山口　明穂（一九九二）「助詞の機能―「が」をめぐって―」『国語と国文学』第70巻第3号
――――（二〇〇二）「格助詞の機能」『紀要　文学科』（中央大学）第89号
山口　尭二（一九九〇）『日本語疑問表現通史』明治書院
山口　佳紀（一九八四）「2　形容詞の活用」『研究資料日本文法3』明治書院
山田　孝雄（一九三六）『日本文法学概論』寳文館
吉本　隆明（二〇〇八）『日本近代文学の名作』新潮文庫（二〇〇一年に毎日新聞社から刊行）

わ行

渡辺　実（一九七一）『国語構文論』塙書房

初出一覧

序　章　書き下ろし
第一章　主語となる「主体」　『解釈』（解釈学会）第56巻第11・12号、二〇一〇年
第二章　「が」格の原理　『国語国文』（京都大学国語学国文学研究室）第84巻第8号、二〇一五年
第三章　述語が承ける連用成分　『解釈』（解釈学会）第59巻第11・12号、二〇一三年
第四章　『草枕』の「写生文」の実態　『解釈』（解釈学会）第61巻第11・12号、二〇一五年
第五章　文の類型から見た『草枕』『二百十日』の写生文　『文学・語学』（全国大学国語国文学会）第219号、二〇一七年
第六章　「取り立て」を考える　『熊本県立大学文学部紀要』第13巻、二〇〇七年
第七章　「は」と題目

第八章　題目の範囲と真の題目　『熊本県立大学文学部紀要』第15巻、二〇〇九年
第九章　「二分結合」再考―「二項結合」「二項対等結合」を論点として―　『熊本県立大学文学部紀要』第16巻、二〇一〇年
第十章　万葉集の「は」構文　『解釈』（解釈学会）第60巻第11・12号、二〇一四年
第十一章　疑問文は判断文か　『国文研究』（熊本県立大学日本語日本文学会）第52号、二〇〇七年
第十一章　疑問文は判断文か　『解釈』（解釈学会）第57巻第11・12号、二〇一一年
第十二章　疑問詞に下接する係助詞について　『解釈』（解釈学会）第58巻第11・12号、二〇一二年

あとがき

本書は、日本語の構文論的研究の末席を得るものとして、従来の構文論を検討し継承しつつ、考察を加えて一書としたものである。社会のグローバル化や情報化の進展もあって日本語研究の方法が多様化し、データ主義の一環として近年は数値化したり可視化したりして事態分析する傾向が強く、原理的な理論研究は今日的なものではない。しかし、そのような現況に何も怯むところはない。

理論を含め、研究一般は、その基盤や視座の違いにより、迫る対象へのアプローチも光の当て方も相当に異なる。当然、日本語研究の方法も目標も多彩であるが、日本語の構文論においての大事は、根本の原理を如何に読み解くかという説明にかかる論理の事態性であり、方法ではない。理論研究は、分析の結果を合理的に文章化する説明科学である。学問としての理論は、普遍的理解に適う究極の説明であり、主観的分析の結果ではない。今日の財産と見るべき構文論を生産してきた先人たちを始め、日本語に関心を抱く者たちのなかには、理論によって構文法を明らかにしたい者たちがいる。私はその一人である。構文論は、日本語の内部構造を読み解く作業として核心的、不変的に重要である。本書は、後発の構文論的研究になるから、先学に学び倣い、その成果に大きく依存するものである。世の中の全てが継続的なものであるという人間社会の真理を踏まえれば、それも当然であるが、ただ、私は如何に論ずることができるかという考えでは本書を記述していない。如何に論ずるべきかという立場で記述している。

私の学生時代は、日本語の文法研究では渡辺実、北原保雄の構文論に注目が集まっていた。国語学（当時）の面白さ、豊かさ、奥行きを知ったのは、渡辺文法、北原文法と時枝文法の連続性を学ぶ過程である。恩師の青木伶子先生は、数年をかけ、その恩師である時枝誠記の文法論、すなわち、時枝文法を精緻に分析しては、ときに批判を交えて説かれ、その連関として渡辺、北原の構文論も詳細にわたり講じられた。それらの講義内容は、後の『現代語「は」の構文論的研究』のなかに反映されている。だから、この書の理解に私は自信を持っている。青木先生の講義を、単位とは関係なく連続して受講し続けた私は、端々に山田孝雄の文法論が取り上げられ、青木先生が山田文法を重視していると確信したので、古書店で『日本文法学概論』ほかを買い求めて読み込んだ。山田文法の重要性は共有できた。また、あるとき、非常勤で出講しておられた池上秋彦先生、林巨樹先生および鈴木一彦先生とともに、仁田義雄の『語彙論的統語論』をどう思うかと談じておられたので、この本も直ぐに買い求めて学んだ。仁田文法は、私の構文論にとって不可欠のものである。私の研究生活の基盤が構文論の学修にあるならば、その起点に当たるものは尾上圭介の「二分結合」論である。尾上文法も、私の構文論の支柱である。

上記において、直接の恩師を除いては、序文を頂戴した仁田先生を含め、敬称を省き失礼したが、私の研究および人生の推進力となった全ての学恩に感謝する。仲人の坂梨隆三先生を始め、お世話になった方々にはとくに感謝したい。熊本県立大学の夏期集中講義（言語文化研究）を快く受けてくださった金水敏、渋谷勝己、服部隆、丹羽哲也、宮地朝子、仁田義雄、前田直子、野村剛史、益岡隆志、沖森卓也、野田尚史、高山倫明、西田隆政、尾上圭介、坂本浩一の各先生にはあらためて感謝したい。澤田治美先生、山梨正明先生の知己を得たことも有難かった。

あらためて振り返れば、大学生の私は、群雄割拠とも呼べそうな当時の学界を仰ぎ見ながら大学院への進学を決意した。それほどに構文論の学修は刺激的であった。総じて、学ぶべき日本語研究に溢れていた、ほんとうに幸せな学生時代である。

新典社の岡元学実社長には本書の出版にご理解とご厚意を賜り、ご担当頂いた田代幸子さんを始め編集部の方々にも格別のご配慮を頂き、ここに前二著『係助詞と係結びの本質』『日本語助詞の文法』に続く助詞の文法三部作が完成した。深甚なる感謝を申し上げる。清泉女学院短期大学助教の佐藤友哉君には初稿の通読を願い、有難い指摘を得た。

こうして一書としてみると、文法論とは、完全を求める探求心とともに継承され、発展していくものである、と、今更に得心できる。

平成三十年七月三十日　　学長室から白亜の学舎を眺めつつ

半藤　英明

索　　引

・対象範囲を本文（注を含む）とし、内容を二分類して、（Ｉ）用語索引、（II）人名索引とした。
・人名索引では、例文出典の著者名は採らなかった。
・配列は五十音順、出所は頁数で示した。

（I） 用語索引

あ行

か行

さ行

た行

な行

は行

ま行

や行

ら行

(II) 人名索引

あ行

か行

さ行

た行

な行

は行

ま行

や行

わ行

半藤　英明（はんどう　ひであき）
1960年　東京都に生まれる
1983年　成蹊大学文学部日本文学科卒業
1985年　成蹊大学大学院文学研究科修士課程修了
専　攻　日本語学（助詞の研究）　博士（文学）
現　職　熊本県立大学教授　同学長
主　著『西行物語　本文と総索引』（共編，平成8，笠間書院）
『係助詞と係結びの本質』（平成15，新典社）
『係結びと係助詞　「こそ」構文の歴史と用法』（平成15，大学教育出版）
『日本語助詞の文法』（平成18，新典社）

新典社研究叢書 304
日《に》本《ほん》語《ご》基《き》幹《かん》構《こう》文《ぶん》の研《けん》究《きゅう》
平成30年8月8日　初版発行
著　者　半藤　英明
発行者　岡元　学実
印刷所　惠友印刷㈱
製本所　牧製本印刷㈱
検印省略・不許複製
発行所　株式会社　新典社
東京都千代田区神田神保町一—四四—一一
営業部＝〇三（三二三三）八〇五一番
編集部＝〇三（三二三三）八〇五二番
FAX＝〇三（三二三三）八〇五三番
振　替　〇〇一七〇—〇—二六九三二番
郵便番号一〇一—〇〇五一番

ISBN 978-4-7879-4304-0 C3381
http://www.shintensha.co.jp/ E-Mail:info@shintensha.co.jp

新典社研究叢書

（本体価格）

264 源氏物語の創作過程の研究　呉羽　長　一二〇〇〇円
265 日本古典文学の方法　廣田　收　一二六〇〇円
266 信州松本藩崇教館と多湖文庫　山本英二・鈴木俊幸　九二〇〇円
267 テキストとイメージの交響 ―物語性の構築をみる―　井黒佳穂子　一二五〇〇円
268 近世における『論語』の訓読に関する研究　石川　洋子　一五〇〇〇円
269 うつほ物語と平安貴族生活 ―史実と虚構の織りなす世界―　松野　彩　八八〇〇円
270 『太平記』生成と表現世界　和田　琢磨　一四二〇〇円
271 王朝歴史物語史の構想と展望　加藤静子・桜井宏徳　二〇〇〇〇円
272 森鷗外『舞姫』本文と索引　杉本　完治　七七〇〇円
273 記紀風土記論考　神田　典城　一四〇〇〇円
274 江戸後期紀行文学全集　第三巻　津本　信博　八〇〇〇円
275 奈良絵本絵巻抄　松田　存　八二〇〇円
276 女流日記文学論輯　宮崎　莊平　二六八〇〇円
277 中世古典籍之研究 ―どこまで書物の本姿に迫れるか―　武井　和人　一九八〇〇円
278 愚問賢注古注釈集成　酒井　茂幸　一三五〇〇円
279 萬葉歌人の伝記と文芸　川上　富吉　一三〇〇〇円
280 菅茶山とその時代　小財　陽平　一四二〇〇円
281 根岸短歌会の証人 桃澤茂春 ―『庚子日録』『曾我蕭白』―　桃澤　匡行　一三〇〇〇円
282 平安朝の文学と装束　畠山大二郎　一五〇〇〇円
283 古事記構造論 ―大和王権の〈歴史〉―　藤澤　友祥　七四〇〇円
284 源氏物語 草子地の考察 ―「桐壺」～「若紫」―　佐藤　信雅　一〇二〇〇円
285 山鹿文庫本発心集 ―影印と翻刻　付解題―　神田　邦彦　一三四〇〇円
286 古事記續考と資料　尾崎　知光　六五〇〇円
287 古代和歌表現の機構と展開　津田　大樹　一三四〇〇円
288 平安時代語の仮名文研究　阿久澤　忠　一二六〇〇円
289 芭蕉の俳諧構成意識 ―其角・蕪村との比較を交えて―　大城　悦子　一五一〇〇円
290 二松學舍大学附属図書館蔵 奈良絵本 保元物語 平治物語　小井土守敏　一〇八〇〇円
291 未刊 江戸歌舞伎年代記集成　倉橋・桑原・小池・齊藤・光延　二八〇〇〇円
292 物語展開と人物造型の論理 ―源氏物語〈二層〉構造論―　中井　賢一　一一五〇〇円
293 源氏物語の思想史的研究 ―妄語と方便―　佐藤勢紀子　七八〇〇円
294 春画論 ―性表象の文化学―　鈴木　堅弘　一七六〇〇円
295 『源氏物語』の罪意識の受容　古屋　明子　一二六〇〇円
296 袖中抄の研究　紙　宏行　九七〇〇円
297 源氏物語の史的意識と方法　湯淺　幸代　一一五〇〇円
298 増補 太平記と古活字版の時代　小秋元　段　一二六〇〇円
299 源氏物語 草子地の考察2 ―「末摘花」～「花宴」―　佐藤　信雅　一三〇〇〇円
300 連歌という文芸とその周辺 ―連歌・俳諧・和歌論―　廣木　一人　一三七〇〇円
301 日本書紀典拠論　山田　純　一一八〇〇円
302 源氏物語と漢世界　飯沼　清子　一三八〇〇円
303 中近世中院家における百人一首注釈の研究　酒井　茂幸　一六五〇〇円
304 日本語基幹構文の研究　半藤　英明　七二〇〇円